Reading and Translating Contemporary RUSSIAN

Reading and Translating Contemporary RUSSIAN

Horace W. Dewey
University of Michigan

John Mersereau, Jr.
University of Michigan

PASSPORT BOOKS
a division of *NTC Publishing Group*
Lincolnwood, Illinois USA

1995 Printing

PREFACE

As the title suggests, *Reading and Translating Contemporary Russian* was designed expressly for the student seeking a foundation for mastery of reading Russian.

An *Introduction* provides an overview of Russian pronunciation and a quick glimpse at Russian script. Each of the following sixteen lessons contains:

- *Vocabulary* chosen for overall frequency, with attention to technical and scientific terms
- *Grammar* essential to reading translation, some to be mastered actively, some for recognition only
- *Text* to be read and translated while applying newly learned grammar and vocabulary
- *Exercises* for further application of skills.

Appendices describe finer points of grammar. Finally, vocabulary has been collected at the back of the book in a Russian-English glossary for student reference.

Students and teachers alike will find *Reading and Translating Contemporary Russian* to be a straightforward and practical tool. Its simplified approach will ensure student confidence in reading newspapers, journals, textbooks, and fiction in Russian.

TABLE OF CONTENTS

INTRODUCTION

1. The Russian Alphabet

Print		Script		Name	Approximate pronunciation
А	а	𝒜	a	ah	father
Б	б	Ҕ	б	beh	boy
В	в	ℬ	в	veh	vote
Г	г	𝒯	г	gheh	go
Д	д	𝒟	g	deh	day
Е	е	ℰ	e	yeh	yet and yet
Ё	ё	ℰ́	ё	yo	yawn and yawn
Ж	ж	ℋ	ж	zheh	azure
З	з	ℨ	з	zeh	zero
И	и	𝒰	u	ee	peel
Й	й	𝒰́	ŭ	ee kratkoye	boy
К	к	𝒦	к	kah	can't
Л	л	𝓛	л	ell	lamp
М	м	𝓜	м	em	mat
Н	н	ℋ	н	en	not
О	о	𝒪	o	oh	straw
П	п	𝒯𝒯	п	peh	pot
Р	р	𝒫	р	err	three
С	с	𝒞	c	ess	say
Т	т	𝒯𝒯𝒯	m	teh	toot
У	у	𝒴	у	oo	boot
Ф	ф	𝒻	ф	eff	fool
Х	х	𝒳	x	khah	Scotch loch
Ц	ц	𝒰	ц	tseh	rats
Ч	ч	𝒰	ч	cheh	cheese
Ш	ш	𝒰𝓁	ш	shah	sham
Щ	щ	𝒰𝓁	щ	shchah	fresh cherries
	ъ		ъ	tvyordy znak	(not pronounced)
	ы		ы	yerih	limb
	ь		ь	myakhky znak	(not pronounced)
Э	э	𝒹	э	eh	wet
Ю	ю	𝒥𝒪	ю	yu	Yukon and Yukon
Я	я	𝒴	я	yah	yacht and yacht

xi

2. Palatalized and Unpalatalized Consonants

Most Russian consonants have two phonetic qualities: that is, they may be *unpalatalized* (hard) or *palatalized* (soft). To a limited extent, the same phenomenon occurs in English, where, for example, one can distinguish a difference in the manner of articulating *m* in the word *moot* from the *m* in *mute*. The *m* in *moot* is unpalatalized, or hard, whereas in *mute* a limited palatalization, or softening, of *m* takes place.

Palatalization occurs when a consonant has not only its nonpalatalized articulation but, in addition, palatal articulation: that is, the tongue is arched toward the hard palate. In Russian the phenomenon of palatalization is more evident than in English and involves distinctions in meaning.

A consonant which can experience both hard and soft articulation will be palatalized if it is followed by the letters **я, е, и, ё, ю**, or **ь**. The consonant will not be palatalized if it is followed by the letters **а, э, ы, о, у** or **ъ**. Study the following scheme:

nonpalatalizing: **а э ы о у ъ**

palatalizing: **я е и ё ю ь**

Note that the difference between **ба** and **бя** is actually a difference in the consonantal sound rather than that of the vowel, which is, with only slight variation, sounded *ah* in both cases. It is incorrect to pronounce **бя** as if it were approximated by the English *bya*.

Five consonants have only one phonetic quality: **ж, ш**, and **ц** are never palatalized, irrespective of the letter following them; **ч** and **щ** are always palatalized.

The following syllables should be drilled until the student has achieved a satisfactory pronunciation. Drill should be both horizontal and vertical.

ба	ва	га	да	жа	за	ка	ла	ма	на	па	рэ	са	та	фа	ха	ца	ча	ша	ща
бе	ве	ге	де	же	зе	ке	ле	ме	не	пе	ре	се	те	фе	хе	це	че	ше	ще
би	ви	ги	ди	жи	зи	ки	ли	ми	ни	пи	ри	си	ти	фи	хи	ци	чи	ши	щи
бо	во	го	до	жо	зо	ко	ло	мо	но	по	ро	со	то	фо	хо	цо	чо	шо	що
бу	ву	гу	ду	жу	зу	ку	лу	му	ну	пу	ру	су	ту	фу	ху	цу	чу	шу	щу

A. **Е, ё, ю**, and **я** at the beginning of a word or following a vowel are pronounced approximately as *ye* in *yet*, *yaw* in *yawn*, *yu* in *Yukon*, and *ya* in *yacht*. Thus:

éсли	*(if)*	is approximately yé-slee
уéм	*(I shall bite)*	is approximately oo-yém
ёлка	*(fir tree)*	is approximately yáwl-ka

даёт	(*he gives*)	is approximately da-yáwt
ю́нкер	(*cadet*)	is approximately yún-ker
зна́ю	(*I know*)	is approximately zná-yu
я́ма	(*pit*)	is approximately yá-ma
буя́н	(*rowdy*)	is approximately boo-yán

Unaccented **е** and **я** at the beginning of a word or following a vowel retain the *y- element*, but the pronunciation of the vowel sound varies as indicated in Section 4 of this chapter.

B. **Й** joins with a preceding vowel to form diphthongs:

ма**й**	May	бé-л**ый**	white
му-з**éй**	museum	гé-н**ий**	genius
до-м**óй**	homewards	тан-цу́**й**	dance!
тá**й**-на	secret	бó**й**-кий	adroit

C. **Ь** (*soft sign*) has no sound itself but usually indicates that the preceding consonant is palatalized:

ось axis   тóль-ко only   мá-лень-ка-я small

A vowel which follows **ь** will be pronounced as if it were in the initial position of a word.

льёт he pours   пьé-са play   чь**ей** of whose

D. **Ъ** (*hard sign*) appears in Russian words following a prefix and then only before the letters **е, ё, ю** and **я**. Normally it indicates that the final consonant of the prefix is unpalatalized; the vowel which follows **ъ** is then pronounced as if it were in the initial position of a word.

отъ-éзд departure   объ-я-сня́ть to explain

However, following the prefixes **с-, из-,** and **раз-,** the **ъ** has the same value as **ь**.

съел he ate up   разъ-éзд departure

In some texts the **ъ** is replaced by an apostrophe.

3. Syllabification

The number of vowels in a word determines the number of syllables.

One vowel	**тут** (here), **он** (he), **я** (I), **и** (and), **нет** (no)
Two vowels	жур-нáл (journal), лáм-па (lamp), е-ё (her)
Three vowels	áл-ге-бра (algebra), при-ём-ник (receiver)
Others	тем-пе-ра-ту́-ра (temperature), ко-ор-ди-нá-та (coordinate)

Most syllables end in vowels. When two or more letters occur between vowels, the last letter of the group forms part of the following syllable. However, the combinations ст-, стр-, бл- and some others are always pronounced with the following vowel: та-бли́-ца.

4. Stressed and Unstressed Vowels

The student should be aware that the sound of a vowel varies according to whether the vowel occurs in an *accented* or *nonaccented* syllable. The following chart concerns only those vowels for which this change critically affects pronunciation. The examples do not include all variations.

Vowel	Pre-stress	Stress	Post-stress
о	like **a** (*pr. a* as in *father*) от-де́л о-ди́н о-те́ц	like *aw* in *straw* ра-бо́-тать но́-вый ко́л-ба	like *u* in *but* то́ль-ко ме́-сто го́-род
е	like **и** (*pr. ee* as in *peel*) пе-ре-во́д те-ле-фо́н	like the first *e* in *every* и-ме́л accented **е** between palatalized consonants is like *a* in *ate* день смо-тре́ть	like **и** (*pr. ee* as in *peel*) кни́-ге о́-пы-те мо́-ре
я	like **и** (*pr. ee* as in *peel*) вя-за́ть тя-жё-лый	like *a* as in *father* взял вя́-лый	like *u* in *but* чи-та́-я ми́-ла-я

5. Voiced and Voiceless Consonants

Good pronunciation also depends upon the student's ability to distinguish between the so-called "voiced" and "voiceless" consonants, which occur in pairs as indicated.

voiced: **б**   **в**   **г**   **д**   **ж**   **з**
voiceless: **п**   **ф**   **к**   **т**   **ш**   **с**

The only difference between the paired consonants is that in pronouncing a voiced consonant the vocal chords are employed, whereas in pronouncing a voiceless one the vocal chords do not vibrate. Thus, for example, **б** and **п** are formed in exactly the same way, except that in the case of **б** the vocal chords are activated. The student can confirm this by lightly touching his throat during the articulation of both consonants. He will feel a slight buzzing of the vocal chords when pronouncing the voiced consonants.

The distinction is important because, irrespective of spelling, a paired voiced consonant may not be pronounced at the end of a word. In fact, when a voiced consonant is in *final* position, it must be replaced when pronouncing the word by the voiceless counterpart. Thus:

ду**б**   (*oak*)   is pronounced ду**п**
готó**в** (*ready*) is pronounced готó**ф**
ю**г**   (*south*)   is pronounced ю**к**
го**д**   (*year*)   is pronounced го**т**
но**ж**   (*knife*)   is pronounced но**ш**
га**з**   (*gas*)   is pronounced га**с**

Further, when two or more consonants occur in sequence, if the last member of the sequence is voiced, then the whole cluster is voiced; if the last member is unvoiced, then the whole cluster is pronounced unvoiced. Thus:

всё   (*everything*) is pronounced **ф**сё
всегдá (*always*)   is pronounced **ф**сегдá
тá**к**же (*also*)   is pronounced тá**г**же
лó**д**ка (*boat*)   is pronounced лó**т**ка

Exception: **в** does not affect a preceding voiceless consonant: **тв**ой (*thy*).

6. Pronunciation Drill

The student should now practice pronunciation with the minimal pairs below. Each pair differs only with respect to one consonant sound (which varies in accordance with features explained in Section 2 above).

быт	every-day life	пыл	ardor
бит	beaten	пил	he drank
быт	every-day life	пыл	ardor
быть	to be	пыль	dust

был	he was	был	he was
быль	real event	бил	he beat
ныть	to whine	то́лка	of the meaning
нить	thread	тёлка	heifer
мал	little	мать	mother
мял	he rumpled	мять	to rumple
выть	to howl	вон	there
вить	to twist	вонь	stench
нов	new	пар	steam
новь	virgin soil	парь!	steam!
рад	pleased	сам	oneself
ряд	row	сям	there
снос	demolition	вал	moat
снёс	he demolished	вял	he faded
слыть	to be known as	ра́ню	I wound
слить	to pour together	ра́нью	at an early time
лют	fierce	сел	he sat down
льют	they pour	съел	he ate up

7. Example of Russian Script

*Основны́ми о́рганами нау́чно-исслѐдовательской рабо́ты Ака-
дѐмии Нау́к явля́ются её исслѐдовательские институ́ты.*

Пе́рвый Уро́к

FIRST LESSON

Слова́рь (Vocabulary)

вре́мя	time	си́ний	blue
где	where	слова́рь (*m.*)	vocabulary,
да	yes		dictionary
здесь	here	сло́жный	complex
есть	is, there is, there are	слу́чай	case
и	and	спу́тник	satellite
ка́лий	potassium (*noun*)	там	there
кни́га	book	тру́дный	difficult
не	not	уро́к	lesson
нет	no	что (*pr.* што)	(*pr. & conj.*)
но́вый	new		what, that
пе́рвый	first	э́то	this, it is, those
пла́мя	flame		are, these are,
приме́р	example		that is
ра́нний	early		

Loan Words

аппара́т	apparatus	ра́дий	radium (*noun*)
а́том	atom	ра́дио	radio
грамма́тика	grammar	раке́та	rocket
журна́л	journal, magazine	систе́ма	system
ла́мпа	lamp	текст	text
интере́сный	interesting		

Note: Accents are given to assist the reader in pronouncing the words correctly. They do not appear in printed or written materials.

Грамма́тика (Grammar)

1-A. Articles

Definite and indefinite articles (*the, a, an*) do not exist in Russian. Thus:

раке́та means *the rocket*, *a rocket*, and *rocket*.

1

The reader will be able to tell by the context whether his translation requires a definite or indefinite article or no article at all.

1-B. Use of Verb "to be"

Normally the verb *to be* is not used in the present tense. Its absence is usually indicated by a dash, though not invariably.

Журна́л—там.	The magazine is there.
Журна́л и кни́га там.	The magazine and book are there.

The present tense of the verb *to be* is still used in the third person (**есть**) in such constructions as the following:

Здесь **есть** ла́мпа? **Есть**.   *Is there* a lamp here? *There is*.

1-C. Genders of Nouns

There are three genders of Russian nouns: *masculine, feminine* and *neuter*. (They are arranged below according to basic declensional patterns for each gender.)

1. Masculine nouns end:

   a. in a *consonant*, in **-ь**, and in **-й**.

а́то**м** *atom*	автомоби́л**ь** *automobile*	ра́ди**й** *radium*
аппара́**т** *apparatus*	словар**ь** *vocabulary*	ка́ли**й** *potassium*
журна́**л** *magazine*		слу́ча**й** *case*

2. Feminine nouns end:

   a. in **-a** and **-я** and in **-ь**.

раке́т**а** *rocket*	земл**я́** *earth*	смес**ь** *mixture*
систе́м**а** *system*	тео́ри**я** *theory*	ноч**ь** *night*

3. Neuter nouns end:

   a. in **-o, -e,** and **-ё,** * and

ме́ст**о** *place*	по́л**е** *field*	сырь**ё** *raw material*
ра́ди**о** *radio*	мо́р**е** *sea*	
	уравне́ни**е** *equation*	

   b. in **-мя**.

   пла́**мя** *flame*   вре́**мя** *time*

1-D. Cases

There exist six cases in Russian: *nominative, genitive, dative, accusative, instrumental,* and *prepositional* (locative). The declensional endings of nouns and adjectives vary in accordance with the

---

* The accent will almost invariably be on **ё**.

cases in which they appear, as determined by the rules of grammar. The *nominative* case is discussed in this lesson.

1-E. Nominative Case of Nouns

In the sentence **Журна́л—тут,** the word **журна́л** is in the nominative case, because it is the subject of the sentence.

In the sentence **Аппара́т тут—ра́дио,** both *apparatus* and *radio* are in the nominative case, because the former is the subject and the latter the predicate noun.

(In vocabularies, nouns and adjectives always appear in the nominative case.)

1-F. Nominative Adjectival Endings

Adjectives must agree in number, gender, and case with the nouns they modify. An *adjective* consists of a *stem plus* a masculine, feminine, or neuter *ending*, depending upon the gender of the word it modifies:

1. *Masculine adjectival endings*

    a. **-ый** and **-о́й**   Examples: но́в**ый,** тру́дн**ый,** прост**о́й**

    The **-о́й** ending is always accented.

    b. **-ий**   Examples: си́н**ий,** ра́нн**ий**

    Note the *soft* stem consonant.

2. *Feminine adjectival endings*

    a. **-ая**   Examples: но́в**ая,** тру́дн**ая,** прост**а́я**
    b. **-яя**   Examples: си́н**яя,** ра́нн**яя**

    Note: The **-яя** ending is the feminine counterpart of the masculine ending **-ий.**

3. *Neuter adjectival endings*

    a. **-ое**   Examples: но́в**ое,** тру́дн**ое,** прост**о́е**
    b. **-ее**   Examples: си́н**ее,** ра́нн**ее**

    Note: The **-ee** ending will be found on neuter forms corresponding to masculine and feminine types *b* above.

4. *Adjectives with hard and soft endings.* Adjectives with endings of type *a* above are often called *hard stem* adjectives, whereas those of type *b* above are called *soft stem* adjectives. Adjectives with stems ending in **г-, к-, х-** require special attention: their *masculine*

nominative ending **-ий** does not mean that they belong to the *soft* stem category. Rather, the **-ий** ending is due to a spelling rule, which prohibits the combinations **гы, кы, хы**. See Appendix A. The feminine and neuter forms are **-ая** and **-ое**.

строгий	(strict)	and	строгая, строгое
русский	(Russian)	and	русская, русское
тихий	(quiet)	and	тихая, тихое

Adjectives with stems ending in **ж-, ч-, ш-, щ-** also require special attention due to spelling rules.

хороший	(good),	but	хорошая, хорошее
больший	(larger),	but	большая, большее
большой	(large),	but	большая, большое

5. In the following noun-adjective combinations, note that the gender of the adjective is always the same as that of the noun it modifies.

новый журнал	новая ракета	новое радио
трудный случай	трудная система	трудное время
синий журнал	синяя лампа	синее пламя

1-G. Position of Adjectives

Adjectives usually *precede* the nouns they modify.

| Радио—**сложный** аппарат. | The radio is a *complex* apparatus. |
| Это **трудный** случай. | This is a *difficult* case. |

Note the change in meaning when the adjective follows the noun.

Радио—**новое**.	The radio is *new*.
Пример—**трудный**.	The example is *difficult*.
Случай—**интересный**.	The case is *interesting*.
Ракета—**сложная**.	The rocket is *complex*.

1-H. Negation

A sentence is negated by the use of the word **не** (*not*)

| Это—**не** радио. | This is *not* a radio. |
| Аппарат—**не** спутник. | The apparatus is *not* a satellite. |

The same construction may be used with predicate adjectives:

| Пример **не** трудный. | The example is *not* a difficult one. |
| Ракета **не** сложная. | The rocket is *not* a complex one. |

1-I. Word Order in Interrogative Sentences

A simple affirmative statement can be changed into a question by adding a question mark (in speech the interrogative quality is indicated by raising the voice at the end of the sentence, as in English).

Ракéта—слóжная?	Is the rocket complex?
Кни́га—здесь?	Is the book here?
Это бóмба?	Is this a bomb?

Текст (Text)

Это—журнáл? Нет, это кни́га.

Это нóвая кни́га? Да, это нóвая и интерéсная кни́га. Это не трýдная кни́га.

Что это? Это лáмпа.

Где аппарáт? Аппарáт там.

Здесь ракéта? Нет, здесь рáдио.

Где спýтник? Спýтник здесь? Нет, спýтник там.

Что это? Это кáлий? Да, это кáлий.

Это рáдий? Нет, это не рáдий.

Это пéрвый урóк. Это трýдный урóк? Нет, это не трýдный урóк.

Это интерéсный примéр? Да, это интерéсный примéр.

Áтом слóжный? Нет, áтом не слóжный.

Рáннее врéмя интерéсное? Да. Рáннее врéмя интерéсное врéмя.

Это слóжный слýчай? Нет, это не слóжный слýчай. Это интерéсный слýчай.

Упражнéния (Exercises)

A. Read **текст** aloud and translate it.

B. Write out **текст** in Russian.

C. Match the following adjectives and nouns in grammatically correct pairs. For example: **слóжная** (b) **систéма** (d)

1. *a.* си́нее *d.* систéма
   b. слóжная *e.* аппарáт
   c. нóвый *f.* плáмя

2. *a.* интерéсная *d.* рáдио
   b. нóвое *e.* примéр
   c. трýдный *f.* кни́га

3. *a.* си́няя *d.* врéмя
   b. рáннее *e.* журнáл
   c. интерéсный *f.* лáмпа

4. *a.* слóжный *d.* ракéта
   b. пéрвое *e.* слýчай
   c. нóвая *f.* рáдио

D. In each of the following four-word groups, pick out one word that does not belong in the group. Explain why it does not belong. In some cases it is possible to find more than one basis for selection.

1. ка́лий	си́ний	но́вый	тру́дный
2. си́няя	пла́мя	интере́сная	сло́жная
3. но́вое	там	си́няя	сло́жный
4. раке́та	ла́мпа	систе́ма	сло́жная
5. ра́дий	тру́дный	ра́дио	приме́р
6. журна́л	кни́га	вре́мя	но́вый
7. где	э́то	здесь	там

E. Answer the following questions in the negative (write out and translate).

1. Раке́та здесь? 2. Э́то тру́дный уро́к? 3. Э́то ра́ннее вре́мя? 4. "Time" но́вый журна́л? 5. Пе́рвый а́том—ка́лий? 6. Си́няя ла́мпа там? 7. Э́то интере́сный слу́чай? 8. Э́то сло́жный аппара́т? 9. "Анна Каренина"—но́вая кни́га? 10. Э́то тру́дная кни́га? 11. Э́то интере́сное вре́мя? 12. Но́вое ра́дио там? 13. Журна́л и кни́га здесь? 14. Спу́тник и раке́та там?

Второй Урок

SECOND LESSON

Словарь (Vocabulary)

в (во) (+ *acc.*)	in, into, to	**осма́тривать**	to inspect
второ́й	second	**па́дать**	to fall
вы	you (*pl.*; used as polite	**просто́й**	simple
	form when addressing	**ру́сский**	(*adj. & noun,*
	one person)		*m.*)* Russian
говори́ть	to speak	**сло́во**	word
де́лать	to do, make	**смесь** (*f.*)	mixture
земля́	earth	**тепе́рь**	now
кто	who	**ты**	thou, you (used
лета́ть	to fly		when addres-
мы	we		sing relatives,
на (+ *acc.*)	on, onto, to, for		close friends
объясня́ть	to explain		or animals)
он	he (it)	**ча́сто**	often
она́	she (it)	**чита́ть**	to read
они́	they	**я**	I †
оно́	it		

Loan Words

америка́нский	American (*adj.*)*	**сове́тский**	Soviet (*adj.*)*
бо́мба	bomb	**студе́нт**	student
генера́л	general	**студе́нтка**	student (*f.*)
маши́на	machine	**температу́ра**	temperature
мета́лл	metal	**турби́на**	turbine
Москва́	Moscow	**фо́рмула**	formula
профе́ссор	professor	**хи́мик**	chemist

* Adjectives formed from proper nouns are not usually capitalized, unless they begin sentences.
† The first person pronoun is not capitalized in Russian, unless it begins a sentence.

Грамма́тика (Grammar)

2-A. Infinitives

Infinitives of verbs end primarily in **-ть** or **-ти**.

де́ла**ть**	to do, to make
ид**ти́**	to go
вес**ти́**	to lead

2-B. Present Tense

Russian verbs normally belong to the first or the second conjugation, indicated respectively as (**I**) or (**II**).

1. The first conjugation includes most verbs ending in **-ать** or **-ять**.

чита́ть (**I**)	to read
я чита́**ю**	I read, I am reading, I do read
ты чита́**ешь**	you (*familiar*) read, you are reading, you do read
он чита́**ет**	he reads, he is reading, he does read
она́ чита́**ет**	she reads, she is reading, she does read
оно́ чита́**ет**	it reads, it is reading, it does read
мы чита́**ем**	we read, we are reading, we do read
вы чита́**ете**	you (*polite*) read, you are reading, you do read
они́ чита́**ют**	they read, they are reading, they do read

Note: All three forms of the English present tense are *always* included in one Russian form. Thus, **я чита́ю** means *I read, I am reading*, or *I do read*.

объясня́ть (**I**)	to explain
я объясня́**ю**	I explain, I am explaining, I do explain
ты объясня́**ешь**	you explain, you are explaining, you do explain
он объясня́**ет**	he explains, he is explaining, he does explain
она́ объясня́**ет**	she explains, she is explaining, she does explain
оно́ объясня́**ет**	it explains, it is explaining, it does explain
мы объясня́**ем**	we explain, we are explaining, we do explain
вы объясня́**ете**	you explain, you are explaining, you do explain
они́ объясня́**ют**	they explain, they are explaining, they do explain

The reader will see that in both examples the verb is conjugated in exactly the same manner: that is, the same suffixes (**-ю, -ешь, -ет, -ем, -ете, -ют**) are added to a stem formed by removing the **-ть** from the infinitive form. The stems of *most* first conjugation verbs are formed in this manner.

Note: The pronoun may be omitted, inasmuch as the *ending indicates* the person and number of the verb form. Thus, **читáю**, even without the pronoun, can only mean *I read, I am reading, I do read.*

2. The second conjugation includes verbs ending in **-ить**. (For an important exception, see ¶ **4-A.**)

говори́ть (II)	**to speak**
я говорю́	I speak, I am speaking, I do speak
ты говори́шь	you (*familiar*) speak, you are speaking, you do speak
он говори́т	he speaks, he is speaking, he does speak
онá говори́т	she speaks, she is speaking, she does speak
онó говори́т	it speaks, it is speaking, it does speak
мы говори́м	we speak, we are speaking, we do speak
вы говори́те	you (*polite*) speak, you are speaking, you do speak
они́ говоря́т	they speak, they are speaking, they do speak

Note: The stem for the second conjugation is the *infinitive* minus **-ить**.

3. The reader will see the basic differences in the first and second conjugation by comparing their respective endings:

	(I)*		(II)
Stem	*plus*	*Stem*	*plus*
(infinitive minus **-ть**)	**-ю**	(infinitive minus **-ить**)	**-ю**
	-ешь		**-ишь**
	-ет		**-ит**
	-ем		**-им**
	-ете		**-ите**
	-ют		**-ят**

2-C. Accusative Case of Nouns

1. The accusative case of masculine *inanimate* nouns † is the same as the nominative.

---

* For variations of the first conjugation, see ¶ **4-A.**
† See ¶ **3-D**, for *animate* nouns.

2. Feminine nouns ending in **-a** and **-я** in the nominative form the accusative case by changing the endings to **-у** and **-ю** respectively. Nouns in **-ь** do not change the ending.

3. The accusative case of neuter nouns is the same as the nominative.

4. Examples:

Masc.	*nom.*	аппара́т	слова́рь	
	acc.	аппара́т	слова́рь	
Fem.	*nom.*	турби́на	земля́	смесь
	acc.	турби́ну	зе́млю	смесь
Neut.	*nom.*	сло́во	вре́мя	
	acc.	сло́во	вре́мя	

2-D. Accusative Case of Adjectives

1. The accusative form of masculine adjectives that modify *inanimate* nouns is the same as the nominative.

2. Feminine adjectives ending in **-ая** and **-яя** in the nominative take **-ую** and **-юю** respectively in the accusative.

3. The accusative form of neuter adjectives is the same as the nominative.

4. Examples:

Masc.	*nom.*	сло́жный	си́ний
	acc.	сло́жный	си́ний
Fem.	*nom.*	сло́жная	си́няя
	acc.	сло́жную	си́нюю
Neut.	*nom.*	сло́жное	си́нее
	acc.	сло́жное	си́нее

2-E. Use of the Accusative Case

1. The *direct object* of a verb must be in the *accusative* case. (See ¶ **3-D** for an important exception.)

Он осма́тривает **аппара́т**.	He is inspecting *the apparatus*.
Мы объясня́ем **турби́ну**.	We are explaining *the turbine*.
Она́ объясня́ет **но́вое сло́во**.	She is explaining *the new word*.
Мы чита́ем **си́нюю кни́гу**.	We are reading *the blue book*.

2. *Certain prepositions** require that their objects be in the accusative case.

a. **в (во)** = *in, into, to*

Хи́мик ча́сто лета́ет **в Ленин-** **гра́д**.	The chemist often flies *to Leningrad*.

* For the complete list or prepositions, see Table 3, p. 153.

b. **на** = *on, onto, to, for* (in expressions of time)

Бо́мба па́дает **на зе́млю**.	The bomb is falling *to the earth.*
Идти́ **на уро́к**.	To go *to class* (*lit. to the lesson*).
На неде́лю, ме́сяц, год.	*For a week, a month, a year.*

2-F. Translation of "it"

The words **он** and **она́** must be translated "it" when referring to nouns that are considered inanimate in English.

Э́то ру́сский **спу́тник**? — Да, **он** ру́сский.	Is this a Russian *satellite?* Yes, *it* is a Russian one.
Где си́няя **смесь**? **Она́** там.	Where is the blue *mixture?* *It* is there.
Э́то тру́дное **вре́мя**? — Да, **оно́** тру́дное.	Is this a difficult *time?* Yes, *it* is a difficult one.

Текст (Text)

1. Кто э́то? Э́то профе́ссор. Э́то ру́сский профе́ссор? Нет, э́то америка́нский профе́ссор. Что он де́лает? Он говори́т. Он объясня́ет уро́к. Э́то тру́дный уро́к? Нет, э́то не тру́дный уро́к.

2. Кто э́то? Э́то студе́нт. Э́то ру́сский студе́нт? Нет, э́то америка́нский студе́нт. Что он де́лает? Он де́лает бо́мбу? Нет, он осма́тривает аппара́т? Нет. Он чита́ет. Что он чита́ет? Тепе́рь он чита́ет журна́л. Он чита́ет америка́нский журна́л? Нет, он чита́ет ру́сский журна́л. Э́то интере́сный журна́л? Да, он интере́сный. Мы чита́ем журна́л? Нет, мы тепе́рь чита́ем кни́гу.

3. Здесь америка́нский хи́мик. Что он де́лает тепе́рь? Он осма́тривает ру́сский аппара́т. Что э́то? Э́то америка́нская турби́на. Там ру́сский профе́ссор. Что он осма́тривает? Он осма́тривает америка́нскую турби́ну.

4. Э́то фо́рмула. Э́то проста́я фо́рмула? Нет, э́то сло́жная фо́рмула. Что мы де́лаем? Мы объясня́ем сло́жную фо́рмулу. Хи́мик осма́тривает си́ний мета́лл.

5. Где раке́та? Раке́та там. Что она́ де́лает? Она́ па́дает на зе́млю. Спу́тник па́дает на зе́млю? Нет, он не па́дает на зе́млю, он лета́ет.

6. Что де́лает температу́ра? Она́ па́дает. Здесь температу́ра ча́сто па́дает? Да, здесь она́ ча́сто па́дает.

7. Профе́ссор ча́сто лета́ет в Ленингра́д? Нет. Хи́мик ча́сто лета́ет в Ленингра́д. Профе́ссор не лета́ет. Вы ча́сто лета́ете в Москву́? Нет, не ча́сто.

Упражнéния (Exercises)

A. Write out the first three paragraphs of the **текст** in Russian script.

B. Match adjectives and nouns, pronouns and verbs, in the following columns.

1. рýсская	8. читáет
2. мы	9. фóрмулу
3. трýдное	10. хи́мик
4. он	11. дéлают
5. они́	12. осмáтриваем
6. слóжную	13. врéмя
7. рýсский	14. ракéта

C. Construct five complete Russian sentences using all the words in each group.

1. на	2. рýсский	3. рýсскую
ракéта	чáсто	америкáнский
зéмлю	Москвý	кни́гу
пáдает	летáет	читáет
не	в	студéнт
	хи́мик	

4. рýсский	5. рýсскую
америкáнскую	америкáнский
профéссор	ракéту
турби́ну	осмáтривает
объясня́ет	хи́мик

D. In each of the following groups, pick out the word that does not belong.

1. температýра кни́га фóрмула врéмя
2. смесь студéнт Москвá кни́га
3. осмáтривать говори́ть дéлать читáет
4. на там тепéрь здесь
5. си́нее слóжную трýдная нóвое
6. осмáтривает пáдаем говори́т объясня́ет
7. рýсское вторóй пéрвая чáсто

E. Write out complete Russian sentences, putting verbs into proper form, and translate.
1. Что хи́мик (дéлать) здесь? 2. Хи́мик и профéссор (осмáтривать) америкáнскую ракéту. 3. Кто (объясня́ть) трýдную фóрмулу? 4. Студéнт и студéнтка чáсто (летáть) в Ленингрáд?

5. Тепéрь мы (читáть) совéтскую кни́гу.   6. Что (говори́ть) генерáл?   7. Что вы (говори́ть)?   8. Студéнт и профéссор (говори́ть), они́ не (читáть).   9. Мы (объясня́ть) слóжный слу́чай.   10. Что хи́мик (осмáтривать)?

F. Write out complete Russian sentences, putting adjectives and nouns into proper form, and translate.

1. Тепéрь осмáтриваем (совéтская турби́на).   2. Студéнтка читáет (интерéсная кни́га).   3. Там объясня́ют (слóжная фóрмула).   4. Читáете (вторóй урóк)?   5. Спу́тник не пáдает на (америкáнская земля́).   6. Дéлают (нóвая бóмба).   7. Профéссор объясня́ет (нóвый словáрь)?   8. Осмáтриваешь (си́няя кни́га)?   9. Здесь читáют (пéрвый урóк).   10. Осмáтриваете (совéтское рáдио)?

Трётий Урок

THIRD LESSON

Словарь (Vocabulary)

без (безо) (+ gen.)	without	плохой	bad
вес	weight	поле	field
вчера	yesterday	помнить	to remember
город	town	работать	to work
дверь (f.)	door	размер	size
девушка	girl	с (со) (+ gen.)	from, off of, since
закрывать	to close	соль (f.)	salt
знать	to know	стекло	glass
из (изо) (+ gen.)	from out of, of, from	сырьё	raw material
колба	flask, retort	третий	third
место	place	уравнение	equation
море	sea	утро	morning
натрий	sodium (noun)	цвет	color
от (ото) (+ gen.)	from, away from	час	hour
		читатель (m.)	reader

Loan Words

автомобиль (m.)	automobile	молекула	molecule
Америка	America	пластика	plastic(s)
атомный	atomic	сестра	sister
гений	genius	тип	type
госпиталь (m.)	hospital	университет	university
институт	institute	физик	physicist
история	history	январь (m.)	January
метод	method		

14

Грамма́тика (Grammar)

3-A. Basic Declensions of Nouns in the Singular

The task of learning the declensional endings for all types of nouns will be greatly simplified if the reader *at this time memorizes* the following three basic noun declensions.

Note: In Table 1, p. 152, complete paradigms of regular noun declensions are provided for future reference.

Case	Masculine	Neuter	Feminine
nom.	а́том	ме́сто	раке́та
gen.	а́тома	ме́ста	раке́ты
dat.	а́тому	ме́сту	раке́те
acc.	а́том	ме́сто	раке́ту
instr.	а́томом	ме́стом	раке́той
prep.	об а́томе	о ме́сте	о раке́те

1. Note that the prepositional case for all these types of nouns is the same.

2. Note that the neuter declension is similar to the masculine.

3. Note that the feminine dative singular is *always* like the prepositional singular.

3-B. Genitive Case of Nouns

1. Masculine nouns ending in a *consonant* (e.g., **а́том**) form the genitive by adding **-а**. To form the genitive of masculine nouns ending in **-ь** and **-й**, change the **-ь** and **-й** to **-я**. (This is quite logical, for only if **-я** is used will the *soft*, or palatalized, quality of the noun stem be preserved.)

2. Feminine nouns ending in **-а** form the genitive by changing the ending to **-ы**. Those in **-я** and **-ь** change to **-и**.

3. Neuter nouns ending in **-о** form the genitive by changing the ending to **-а**. Those in **-е** and **-ё** change to **-я**. The few neuter nouns ending in **-мя** will be treated separately, as they have a special set of endings.

4. Examples:

Masc.	nom.	а́том		автомоби́ль	ра́дий
	gen.	а́тома		автомоби́ля	ра́дия
Fem.	nom.	моле́кула	земля́	исто́рия	соль
	gen.	моле́кулы	земли́	исто́рии	со́ли
Neut.	nom.	ме́сто	мо́ре	уравне́ние	сырьё
	gen.	ме́ста	мо́ря	уравне́ния	сырья́

3-C. Genitive Case of Adjectives

1. Masculine adjectives with nominative form ending in **-ый** or **-ой** take **-ого** in the genitive; those with nominative in **-ий** take **-его**. These endings are pronounced **-ово** and **-ево**.

2. Feminine adjectives in **-ая** and **-яя** take **-ой** and **-ей** respectively.

3. Neuter adjectives in **-ое** and **-ее** take **-ого** and **-его** respectively.

Note: These endings are the same as those for masculine adjectives.

4. Examples:

Masc.	*nom.*	но́в**ый**	плох**о́й**	ру́сск**ий**★	ра́нн**ий**
	gen.	но́в**ого**	плох**о́го**	ру́сск**ого**	ра́нн**его**
Fem.	*nom.*	но́в**ая**	плох**а́я**	ру́сск**ая**	ра́нн**яя**
	gen.	но́в**ой**	плох**о́й**	ру́сск**ой**	ра́нн**ей**
Neut.	*nom.*	но́в**ое**	плох**о́е**	ру́сск**ое**	ра́нн**ее**
	gen.	но́в**ого**	плох**о́го**	ру́сск**ого**	ра́нн**его**

3-D. Use of the Genitive Case

1. To denote possession or to describe, use the genitive in place of the English possessives *of* and *'s*.

ме́сто а́том**а**	the place *of the atom* (*the atom's* place)
тип раке́т**ы**	the type *of rocket*
исто́рия ме́ст**а**	the history *of the place*
а́томный вес ка́ли**я**	the atomic weight *of potassium*
разме́р Земл**и́**	the size *of the Earth*
цвет мо́р**я**	the color *of the sea*

Note also: по́ле би́тв**ы** (battlefield; *lit.* field of battle) and дом о́тдых**а** (rest home: *lit.* home of rest).

2. In negative sentences the direct object is as a rule in the genitive case.

aff.	Я чита́ю журна́л.	I am reading the journal.
neg.	Я **не** чита́ю журна́л**а**.	I am *not* reading *the journal*.
aff.	Мы осма́триваем бо́мбу.	We are inspecting the bomb.
neg.	Мы **не** осма́триваем бо́мб**ы**.	We are *not* inspecting *the bomb*.
aff.	Я зна́ю а́то́мный вес на́трия.	I know the atomic weight *of sodium*.

★ See ¶ 1-F.

neg.	Я **не** зна́ю а́то́много ве́са на́трия.	I do *not* know the *atomic weight of* sodium.
aff.	Он закрыва́ет дверь.	He is closing the door.
neg.	Он **не** закрыва́ет две́ри.	He is *not* closing *the door.*

3. Many prepositions* require their *objects* to be in *the genitive.*

без (безо) = *without*

без ме́тода	without a method
без земли́	without land
без ме́ста	without a place

из (изо) = from, *from out of, of*

из го́спиталя	from (out of) the hospital
из ко́лбы	from the flask
из Ленингра́да	from Leningrad
из пла́стики†	of plastic (in the sense of ''made of plastic'')
из стекла́	of glass

с (со) = *from, off, from off of, since*

с утра́	from morning
с января́	since January
со стола́	off the table

от (ото) = *from, away from*

от до́ктора	from the doctor

Note: Both **из** and **с** + *the genitive* are respectively counterparts of both **в** and **на** + the *accusative:*

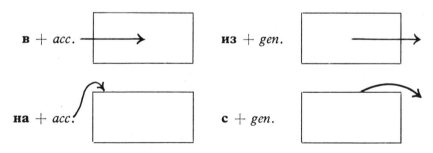

* For the complete list of prepositions, see Table 3.
† Remember that **ы** cannot appear after **к**. Hence, **и** appears.

4. The *accusative* of *animate masculine* nouns is like the *genitive*.

	Inanimate		Animate	
nom.	го́род	хи́мик	чита́тель	ге́ний
gen.	го́рода	хи́мика	чита́теля	ге́ния
dat.	го́роду	хи́мику	чита́телю	ге́нию
acc.	го́род	хи́мика	чита́теля	ге́ния
instr.	го́родом	хи́миком	чита́телем	ге́нием
prep.	о го́роде	о хи́мике	о чита́теле	о ге́нии*

Я зна́ю хи́мика.	I know the chemist (*animate acc.*).
Я не зна́ю хи́мика.	I don't know the chemist (*gen.*)
Мы зна́ем ру́сского ге́ния.	We know the Russian genius.

3-E. Past Tense

1. The *past tense stem* is formed from the *infinitive minus* **-ть**.

INFINITIVE	PAST TENSE STEM
чита́ть	чита́-
говори́ть	говори́-

2. For a masculine singular subject (first, second, or third person singular) add **-л**.

я чита́л	I (*m.*) was reading
ты чита́л	you (*m. fam.*) were reading
он чита́л	he was reading

3. For a feminine singular subject (first, second, or third person singular) add **-ла**.

я чита́ла	I (*f.*) was reading
ты чита́ла	you (*f. fam.*) were reading
она́ чита́ла	she was reading

4. For a neuter singular subject add **-ло**.

оно́ чита́ло	it was reading

5. For all plural subjects (first, second, or third person plural) add **-ли**.

мы чита́ли	we were reading
вы чита́ли	you (*pol.*) were reading
они́ чита́ли	they were reading
Хи́мик и фи́зик чита́ли.	The chemist and the physicist were reading. (Compound subject.)

* The prepositional ending of masculine nouns in **-ий** will be discussed subsequently.

3-F. The Third Person Plural without the Pronoun Subject

The *third person plural* of the verb, present or past, is often used without a pronoun to indicate an *impersonal idea*. The examples below explain this usage:

Бо́мбу **де́лают** из мета́лла.	The bomb *is made* of metal.
Здесь **осма́тривают** турби́ну.	Here the turbine *is inspected*.
Там **де́лали** стекло́.	The glass *was made* there.

Текст (Text)

1. Хи́мик чита́ет ру́сский журна́л? Нет, он не чита́ет ру́сского журна́ла. Профе́ссор чита́ет ру́сскую кни́гу? Нет, он не чита́ет ру́сской кни́ги.*
2. Кто зна́ет а́томный вес ка́лия? Студе́нт не зна́ет а́томного ве́са ка́лия. Хи́мик осма́тривает но́вый аппара́т? Нет, он не осма́тривает но́вого аппара́та.
3. Вчера́ мы чита́ли второ́й уро́к. Мы зна́ем текст второ́го уро́ка. Тепе́рь мы чита́ем текст но́вого уро́ка. Хи́мик вчера́ рабо́тал. Тепе́рь он не рабо́тает. Ра́дио вчера́ рабо́тало. Тепе́рь оно́ не рабо́тает. Это ра́дио америка́нского профе́ссора.
4. Вы объясня́ете сло́жное уравне́ние? Нет, я не объясня́ю сло́жного уравне́ния. Профе́ссор объясня́ет уравне́ние. Студе́нт зна́ет но́вую фо́рмулу? Да, он зна́ет но́вую фо́рмулу. Вчера́ он не знал но́вой фо́рмулы.

Упражне́ния (Exercises)

A. Write out the **текст**.
B. Match the words in the following columns into meaningful units.

1. америка́нского	9. рабо́тали
2. мы	10. фи́зика
3. она́	11. утра́
4. но́вой	12. ве́са
5. а́томного	13. земля́
6. с ра́ннего	14. пла́стики
7. ру́сская	15. стекла́
8. от	16. рабо́тала

* Owing to a spelling rule, **ы** cannot appear after **г**. Hence **и** appears.

C. Pick out the word that does not belong in each of the following groups.

1. гéний	нáтрий	кáлий	рáдий
2. америкáнский	рýсский	гéний	сѝний
3. кóлбы	гóрода	землѝ	институ́т
4. атóмного	вéса	турбѝны	утрá
5. сырья́	читáтеля	нáтрия	земля́
6. студéнта	метáлла	хѝмика	Москвá
7. осмáтривал	читáли	дéлаем	знáют
8. час	врéмя	стеклó	янвáрь

D. Arrange the words in each group to make a correct Russian sentence.

1. не
   кнѝги
   рýсской
   профéссор
   америкáнский
   читáет

2. нóвого
   осмáтривает
   институ́т
   фѝзик
   университéта

3. в
   хѝмик
   Москву́
   Ленингрáда
   летáет
   из
   чáсто

4. читáли
   урóка
   вторóго
   текст
   вы

5. не
   фóрмулы
   плохóй
   слóжной
   знал
   студéнт

E. Write out the sentences below using the past tense and translate.

1. Мы читáем вторóй урóк. 2. Профéссор чáсто объясня́ет трýдное уравнéние. 3. Сестрá не читáет совéтского журнáла. 4. Студéнт не знáет размéра кóлбы. 5. Где вы рабóтаете? 6. Хѝмик и фѝзик чáсто летáют в Ленингрáд. 7. Там онѝ осмáтривают нóвый институ́т. 8. В январé температу́ра чáсто пáдает. 9. Студéнт и студéнтка объясня́ют тип стеклá. 10. Дéвушка не читáет нóвого журнáла.

F. Write the answers to the following questions in the negative.

1. Гéний читáет пéрвый урóк? 2. Закрывáют нóвый гóспи-таль? 3. Дéвушка знáет простýю фóрмулу? 4. Бóмбу дéлают из сѝней плáстики? 5. Мы читáли совéтскую кнѝгу? 6. Вы пóмните америкáнский гóрод? 7. Хѝмик осмáтривает слóжный аппарáт? 8. Здесь дéлают плохóе стеклó? 9. Читáтель пóмнит áтóмный вес нáтрия? 10. Читáтель и сестрá знáют истóрию америкáнского университéта?

Четвёртый Урок

FOURTH LESSON

Словарь (Vocabulary)

бить	to hit	о (об) (+ *prep.*)	about, concerning
бы́стрый	quick	писа́ть	to write
быть	to be	понима́ть	to understand
в (во) (+ *prep.*)	in, inside	при (+ *prep.*)	in the presence of,
дом	house		during the time
ду́мать	to think		of
жить	to live	рома́н	novel
за́втра	tomorrow	сего́дня	today (*pron.*
зима́	winter		сево́дня)
знамени́тый	famous	совреме́нный	contemporary
идти́	to go, to be going	стол	table
как	how, as	тре́ние	friction
класть	to put, to lay	тяжёлый	heavy
куда́	where (whither)	фа́брика	factory
лить	to pour	хоро́ший	good
мочь	to be able	четвёртый	fourth
на (+ *prep.*)	on, in, at	цена́	price
но	but		

Loan Words

англи́йский	English (*adj.*)	музе́й	museum
испа́нский	Spanish (*adj.*)	пери́од	period
исто́рик	historian	Росси́я	Russia
истори́ческий	historical	францу́зский	French (*adj.*)
коми́ческий	comic	хи́мия	chemistry
мото́р	motor		

Грамматика (Grammar)

4-A. Verbs of the First Conjugation (continued)

1. See ¶ 2-B for the typical pattern of the first conjugation verbs whose stems end in a vowel: чита́-ю, -ешь, -ет, -ем, -ете, -ют.

21

Many verbs of the first conjugation have, however, their stems ending in a consonant, in which event the endings are **-у,**⋆ **-ешь, -ет, -ем, -ете, -ут.**⋆ If the endings are accented, the second and third persons singular and the first and second persons plural end in **-ешь, -ёт, -ём, -ёте** respectively. Study the examples:

писа́ть *to write*	**жить** *to live*	**класть** *to put*
пишу́	живу́	кладу́
пи́шешь	живёшь	кладёшь
пи́шет	живёт	кладёт
пи́шем	живём	кладём
пи́шете	живёте	кладёте
пи́шут	живу́т	кладу́т

идти́ *to be going*	**быть** *to be*	**мочь** *to be able*
иду́	бу́ду (I shall be)	могу́ (note the
идёшь	бу́дешь	мо́жешь exceptional
идёт	бу́дет	мо́жет variation of
идём	бу́дем	мо́жем the stem)
идёте	бу́дете	мо́жете
иду́т	бу́дут	мо́гут

2. The total possibilities for endings in the first conjugation may be summarized as follows:

> **-у (-ю** after a vowel)⋆
> **-ешь** or **-ёшь**
> **-ет** or **-ёт**
> **-ем** or **-ём**
> **-ете** or **-ёте**
> **-ут (-ют** after a vowel)⋆

Note: If the first person singular of the verb ends in **-у,** then invariably the third person plural ends in **-ут;** if the first person singular ends in **-ю,** then invariably the third person plural ends in **-ют.**

3. Monosyllabic verbs ending in **-ить** are first conjugation verbs also, and are similarly conjugated. This group includes such common verbs as **лить** (to pour), **бить** (to hit), **шить** (to sew), and **вить** (to wind). An exception is **жить** (to live). See above.

лить *to pour*	**бить** *to hit*
лью	бью
льёшь	бьёшь

⋆ There are some exceptions: e.g., **сы́пать,** *to strew, scatter, pour*; **сы́плю** (I strew), **сы́плют** (they strew).

льёт   бьёт
льём   бьём
льёте   бьёте
льют   бьют

The past tense, as usual, is formed from the *infinitive minus* **-ть**. Thus: **он лил, она шила, мы били, они вили (мы жили)**.

4-B. Adverbs

1. Many adverbs are formed from adjectives by replacing the adjectival ending with **-о**.

бы́стр**ый** quick   бы́стр**о** quickly
плох**о́й** bad   пло́х**о** badly
хоро́ш**ий** good   хорош**о́** well

Он пи́шет **бы́стро и хорошо́**.   He writes *quickly* and *well*.

2. Adverbs formed from adjectives ending in **-ский** have the ending **-ски**.

истори́**ческий** historical   истори́**чески** historically
коми́**ческий** comical   коми́**чески** comically
Это истори́**чески** интере́с-   This is an *historically* interest-
ный пери́од.   ing period.

3. Note that adverbs of manner derived from adjectives of nationality are formed by replacing **-ский** with **-ски**, but they require the addition of the prefix **по-** (which retains the hyphen).

ру́сский Russian   по-ру́сски Russian
Он говори́т **по-ру́сски**.   He speaks *Russian*.
англи́йский English   по-англи́йски English
Она́ хорошо́ пи́шет **по-**   She writes *English* well.
англи́йски.
испа́нский Spanish   по-испа́нски Spanish
Мы понима́ем **по-испа́нски**.   We understand *Spanish*.
францу́зский French   по-францу́зски French
Они́ понима́ют, пи́шут и   They understand, write, and
чита́ют **по-францу́зски**.   read *French*.

4-C. Prepositional Case of Nouns

The *prepositional case* is so called because it is used *only* after prepositions. (It is sometimes called the *locative case*.)

1. Masculine nouns that end in a hard consonant in the nominative case form the prepositional case by adding **-e**. Those ending in **-ий** replace the last letter with **-и**. All other masculine nouns form the prepositional by replacing the last letter with **-e**.

2. Feminine nouns ending in **-a** and **-я** form the prepositional case by changing the nominative endings to **-e**. Those ending in **-ь** and **-ия** replace the last letter with **-и**.

3. Neuter nouns ending in **-o** and **-e** form the prepositional case by replacing the ending with **-e**. Those ending in **-ие** replace the last letter with **-и**.

4. Examples:

Masc.	*nom.*	áтом		читáтель	слýчай	рáдий
	prep.	áтоме		читáтеле	слýчае	рáдии
Fem.	*nom.*	ракéта	земля́		соль	истóрия
	prep.	ракéте	землé		сóли	истóрии
Neut.	*nom.*	мéсто	мóре			трéние
	prep.	мéсте	мóре			трéнии

4-D. Prepositional Case of Adjectives

1. Masculine adjectives in **-ый** and **-óй** take **-ом** in the prepositional. Masculine adjectives in **-ий** take the ending **-ем**.

2. Feminine adjectives in **-ая** and **-яя** take the prepositional endings **-ой** and **-ей** respectively.

3. Neuter adjectives in **-oe** and **-ee** take the prepositional endings **-ом** and **-ем** respectively.

Note: These endings are the same as the masculine prepositional adjectival endings.

4. Examples:

Masc.	*nom.*	нóвый	плохóй	рáнний
	prep.	нóвом	плохóм	рáннем
Fem.	*nom.*	нóвая	плохáя	рáнняя
	prep.	нóвой	плохóй	рáнней
Neut.	*nom.*	нóвое	плохóе	рáннее
	prep.	нóвом	плохóм	рáннем

4-E. Use of the Prepositional Case

1. The following common prepositions take the prepositional case:

a. **в, во**★ = *in, inside*

★ See ¶ 2-E for use of **на** and **в** plus the *accusative* case.

Он рабо́тает **в** го́роде.	He is working *in town*.
В раке́те — тяжёлый мото́р.	There is a heavy motor *in the rocket*.
Мы чита́ли **в** журна́ле, что он знамени́тый фи́зик.	We read *in the journal* that he is a famous physicist.

b. **на** = *on, in, at*

Ко́лба **на** столе́.	The flask is *on the table*.
Бо́мба **на** земле́.	The bomb is *on the ground*.
Сего́дня они́ **на** уро́ке.	Today they are *at (or in) class*.
Мы рабо́таем **на** фа́брике.	We work *at a factory*.

c. **о, об, о́бо** = *about*

Мы говори́ли **о** но́вом журна́ле.	We were talking *about the new journal*.
Она́ не ду́мала **о** цене́ но́вого автомоби́ля.	She did not think *about the price* of the new auto.
Что он зна́ет **об** Аме́рике?	What does he know *about America?*

d. **при** *in the presence of, during the time of*

При профе́ссоре он не мо́жет говори́ть.	*In the presence* of the professor, he is not able to speak.

Note the common idiom: **при чём**, *besides which*

4-F. Future Tense

The future tense of imperfective verbs[*] is rendered by the *future* of **быть** (*to be*) *plus the infinitive:*

я бу́ду писа́ть	I shall be writing, I shall write
ты бу́дешь писа́ть	you will be writing, you will write
он бу́дет писа́ть	he will be writing, he will write
мы бу́дем писа́ть	we shall be writing, we shall write
вы бу́дете писа́ть	you will be writing, you will write
они́ бу́дут писа́ть	they will be writing, they will write

За́втра мы бу́дем осма́тривать аппара́т.	Tomorrow we shall be inspecting the apparatus.
Сего́дня они́ бу́дут рабо́тать в го́роде.	Today they will work in town.
Вы бу́дете говори́ть о но́вом спу́тнике сего́дня?	Will you be speaking about the new satellite today?

[*] See ¶ 5-D.

Текст (Text)

1. Где живёт хи́мик Бу́ркин? Он живёт в но́вом до́ме в сове́тском го́роде. Что он де́лает в институ́те? Он там рабо́тает. Он понима́ет по-англи́йски? Да, он хорошо́ понима́ет по-англи́йски и бы́стро чита́ет по-англи́йски. Он чита́ет о хи́мии в америка́нском журна́ле. Но Бу́ркин пло́хо говори́т и пи́шет по-англи́йски.

2. Кто Ма́ша? Ма́ша — сестра́ сове́тского хи́мика Бу́ркина. Куда́ она́ идёт? Она́ идёт в го́род. Что она́ там бу́дет де́лать? Она́ там бу́дет рабо́тать. Она́ рабо́тает на но́вой фа́брике. Она́ за́втра бу́дет рабо́тать на но́вой фа́брике? Нет, за́втра она́ бу́дет в истори́ческом музе́е в Москве́. Ма́ша — сове́тская де́вушка. Вы мо́жете чита́ть о Ма́ше в сове́тской кни́ге.

3. Где живёт знамени́тый профе́ссор Орло́в? Он живёт в Москве́. Где мы чита́ем о профе́ссоре Орло́ве? Мы чита́ем о знамени́том профе́ссоре в сове́тском журна́ле. Мы зна́ем, что он жил в Ленингра́де, но тепе́рь он живёт в Москве́. Где он рабо́тает? Он рабо́тает в но́вом университе́те. В Ленингра́де он рабо́тал в истори́ческом институ́те, но в Москве́ он рабо́тает в знамени́том университе́те.

4. Это интере́сный пери́од исто́рии? Да, мы живём в интере́сном истори́ческом пери́оде. Студе́нт чита́ет истори́ческий рома́н? Нет, он не чита́ет истори́ческого рома́на. Он чита́ет текст четвёртого уро́ка.

5. Как фи́зик объясня́ет уро́к? Сего́дня он хорошо́ объясня́ет уро́к. Студе́нт не понима́ет уро́ка? Нет,* он понима́ет уро́к. Вчера́ он хорошо́ рабо́тал. За́втра студе́нт не бу́дет рабо́тать. Он не мо́жет рабо́тать без кни́ги.

Упражне́ния (Exercises)

A. Put the first paragraph of the above text into the future tense.

B. Supply suitable adverbs in the following sentences and translate.

1. Он ру́сский. Он говори́т _____. 2. Он францу́зский исто́рик. Он _____ понима́ет _____. 3. Он не говори́т по-англи́йски, и _____ пи́шет _____. 4. _____ студе́нт не рабо́тал, и _____ он не понима́ет уро́ка. 5. _____ мы бу́дем в Москве́. 6. Хи́мик не здесь, он _____. 7. _____ профе́ссор идёт тепе́рь?

* *Note:* **Нет** means *yes* when used to contradict a negative question.

C. Arrange the following groups of words into complete sentences and translate.

1. книгу	2. теперь	3. она́
кладёт	идёт	где
исто́рик	куда́	я
на	профе́ссор	за́втра
ру́сский	знамени́тый	бу́ду
стол		была́

4. истори́чески
пери́од
тру́дный
э́то

5. ду́мал
автомоби́ле
ру́сском
но́вый
о
студе́нт

D. Put the following sentences into the negative and translate.
1. Он пи́шет истори́ческий рома́н. 2. Она́ была́ в университе́те в Москве́. 3. Мы чита́ем второ́й уро́к. 4. Хи́мик осма́тривает си́ний мета́лл. 5. Студе́нт понима́ет сло́жную фо́рмулу. 6. Они́ жи́ли в ру́сском го́роде. 7. Мы чита́ем францу́зскую кни́гу. 8. Профе́ссор объясня́ет сло́жный мото́р. 9. Они́ зна́ют текст четвёртого уро́ка. 10. Хи́мик рабо́тает в институ́те. 11. Здесь говоря́т по-ру́сски.

E. Write out complete Russian sentences by putting the words in parentheses into the correct case; then translate.
1. Я чита́л о (сове́тская раке́та) в (америка́нский журна́л). 2. Де́вушка рабо́тала в (знамени́тый го́спиталь) в Москве́. 3. Что вы зна́ете о (ра́нняя исто́рия) Росси́и? 4. Что говоря́т тепе́рь об (интере́сный рома́н) Пастерна́ка? 5. За́втра мы бу́дем на (си́нее мо́ре). 6. Сло́жная фо́рмула в (четвёртый уро́к). 7. Сестра́ профе́ссора бу́дет рабо́тать в (францу́зский музе́й). 8. Мы живём в (тру́дный пери́од). 9. Вчера́ инжене́р был на (англи́йская фа́брика). 10. Я не зна́ю цены́ (сове́тский автомоби́ль).

Пя́тый Уро́к

FIFTH LESSON

Слова́рь (Vocabulary)

ве́рить	to believe	о́пыт	experiment, experience
внима́ние	attention		
вода́	water	открыва́ть	to open
всегда́	always	перо́	pen, feather
госуда́рство	government, state	писа́тель (*m.*)	writer
дава́ть (даю́, даёшь)	to give	письмо́	letter
		по (+ *dat.*)	along, according to, on
дока́зывать	to prove		
дорого́й	expensive, dear	поколе́ние	generation
зави́сеть (от)	to depend (on)	пол	floor, sex
звезда́	star	почему́	why
зна́чить	to mean, to signify	поэ́тому	therefore
изве́стие	news	производи́ть	to produce, to perform, to make
издава́ть	to issue, publish		
изда́ние	edition	пя́тый	fifth
изобрета́тель (*m.*)	inventor	ско́рость (*f.*)	speed, velocity
		сою́з	union
име́ть	to have	ста́рый	old
к (ко) (+ *dat.*)	to, towards	у́лица	street
ка́чество	quality	у́тренний	morning (*adj.*)
когда́	when	учи́ть	to teach, to learn
ма́ленький	small	ча́стность (*f.*)	particularity
ме́дленный	slow	челове́к	man, person
молодо́й	young	э́тот, э́та, э́то	this
на́до	it is necessary	язы́к	language, tongue
носи́ть	to carry, to wear, to bear		

Loan Words

био́лог	biologist	костю́м	suit, costume
биоло́гия	biology	план	plan
инжене́р	engineer	результа́т	result
класс	class	специали́ст	specialist

28

Expressions for Memorization

име́ть ме́сто	to take place
принима́ть во внима́ние	to take into consideration
потому́ что	because
в ка́честве (+ gen.)	as, in the capacity of
в ча́стности	in particular
мо́жет быть	maybe

Име́ет ме́сто интере́сная реа́кция.
An interesting reaction is taking place.

Он не **принима́ет во внима́ние**, что ру́сский язы́к тру́дный.
He does not take into consideration that the Russian language is a difficult one.

Хи́мик не понима́ет результа́та о́пыта, **потому́ что** он не принима́ет во внима́ние, что реа́кция идёт ме́дленно.
The chemist does not understand the result of the experiment, because he does not take into account that the reaction proceeds slowly.

Он рабо́тает **в ка́честве** инжене́ра в но́вом институ́те.
He works in the new institute as an engineer.

В **ча́стности** на́до по́мнить, что ско́рость реа́кции зави́сит от разме́ра ко́лбы.
In particular it is necessary to remember that the speed of the reaction depends on the size of the flask.

Мо́жет быть он ру́сский, но вчера́ он не говори́л по-ру́сски.
Maybe he is a Russian, but he was not speaking Russian yesterday.

Грамма́тика (Grammar)

5-A. Dative Case of Nouns

1. Masculine nouns ending in a consonant form the dative case by adding **-у**. Those in **-ь** and **-й** change these letters to **-ю**.

2. Feminine nouns in **-a** and **-я** form the dative case by changing the endings to **-е**; those nouns ending in **-ия** and those in **-ь** change the final letter to **-и**.

Note: The *feminine singular dative* and *prepositional* case endings of any noun are *always* the same.

3. Neuter nouns ending in **-o** and **-e** form the dative by changing the endings to **-у** and **-ю** respectively.

4. Examples:

Masc.	*nom.*	а́том				чита́тель	слу́чай	ра́дий
	dat.	а́тому				чита́телю	слу́чаю	ра́дию
Fem.	*nom.*	раке́та	земля́	исто́рия	соль			
	dat.	раке́те	земле́	исто́рии	со́ли			
Neut.	*nom.*	ме́сто				мо́ре	тре́ние	
	dat.	ме́сту				мо́рю	тре́нию	

5-B. Dative Case of Adjectives

1. *Masculine adjectives* in **-ый** and **-ой** take **-ому** in the dative. Those in **-ий** take the ending **-ему**.
2. *Feminine adjectives* in **-ая** and **-яя** take **-ой** and **-ей** respectively in the dative.
3. *Neuter adjectives* in **-ое** and **-ее** take dative endings in **-ому** and **-ему** respectively.
Note: These endings are the same as for masculine adjectives.
4. Examples:

Masc.	*nom.*	но́в**ый**	дорог**о́й**	у́тренн**ий**
	dat.	но́в**ому**	дорог**о́му**	у́тренн**ему**
Fem.	*nom.*	но́в**ая**	дорог**а́я**	у́тренн**яя**
	dat.	но́в**ой**	дорог**о́й**	у́тренн**ей**
Neut.	*nom.*	но́в**ое**	дорог**о́е**	у́тренн**ее**
	dat.	но́в**ому**	дорог**о́му**	у́тренн**ему**

5-C. Use of the Dative Case★

1. To express the indirect object, the *dative case* is required.

Я даю́ интере́сную кни́гу **но́вому учи́телю.**
I am giving the interesting book *to the new teacher.*

Мы пи́шем письмо́ **ста́рому изобрета́телю.**
We are writing a letter *to the old inventor.*

2. Certain common verbs require the dative.

a. **учи́ть,** *to teach*
Профе́ссор **у́чит** молодо́го студе́нта **ру́сскому языку́.**
The professor is *teaching* Russian to the young student.

b. **ве́рить,** *to believe*
Мы не **ве́рим профе́ссору.**
We do not *believe the professor.*

3. The following common prepositions† take the dative case.

a. **к, ко** = *towards, to*
Он идёт **к** челове́ку.
He is walking *towards the man.*

Раке́та па́дает **к** земле́.
The rocket is falling *towards the earth.*

b. **по** = *along, over, according to, on*

Инжене́р идёт **по** у́лице.
The engineer is walking *along (down) the street.*

Био́лог специали́ст **по** био-
ло́гии.
A biologist is a specialist *on biology.*

★ For other uses of the dative case, see pp. 76-78 and pp. 160-161.
† For the complete list of prepositions, see Table 3.

| Он пи́шет кни́гу **по** исто́рии. | He is writing a book *on history*. |
| Они́ рабо́тают **по** пла́ну. | They work *according to plan*. |

5-D. Aspects of the Verb

1. For almost every English verb infinitive there are two corresponding Russian infinitives, which represent the imperfective and perfective *aspects* of the verb. The *imperfective* verb forms are used for describing actions or states which are *incomplete, continuous, or habitual*. The *perfective* verb is used to describe action which *has been or will be completed* (generally a single, specific act).

	Imperfective	Perfective
Infinitive	писа́ть	написа́ть
	я пишу́, etc.	
Present	I write	(The perfective verb forms
	I am writing	are *not* used to express a pre-
	I do write	sent tense meaning, as they,
		by their nature, connote com-
		pleteness.)
Past	я писа́л, etc.	я написа́л, etc.
	I was writing	I wrote (and finished)
	I used to write	I did write
Future	я бу́ду писа́ть, etc.	я напишу́, etc.
	I shall write	I shall write (and finish)
	I shall be writing	I shall have written (and shall
		have finished)

Note: The past perfective is formed from the perfective infinitive with regular past tense endings. The future perfective is formed by using the same endings as the imperfective present tense and adding them to the *stem* of the perfective verb form. The *perfective infinitive* is *never* used with the auxiliary **быть**.

2. In many cases the imperfective and perfective aspects of a verb are somewhat similar. With many verbs the imperfective form has no prefix, whereas the perfective does have a prefix* (писа́ть-**на**писа́ть; де́лать-**с**де́лать). The aspects of other verbs are characterized by different suffixes (объяс**ня́ть**-объяс**ни́ть**; изд**ава́ть**-изд**а́ть**). Still other verbs, however, have imperfective and perfective forms which do not resemble each other at all (класть-положи́ть; говори́ть-сказа́ть).

* See p. 126 for a list of the common prefixes and their meanings.

Heretofore only imperfective infinitives have been presented, but in future vocabularies both forms of the verb will be given. Below are listed the perfective forms for all the verbs presented so far.

IMPERFECTIVE		PERFECTIVE †
бить (бью, бьёшь)	to beat, to strike	побить
быть (*fut.* буду, будешь)	to be	*no perfective*
верить	to believe	поверить
говорить	to speak	*no perfective*
говорить	to tell, to say	сказать (скажу, скажешь)
давать (даю, даёшь)	to give	дать (я дам, ты дашь, он даст, мы дадим, вы дадите, они дадут)
делать	to do, to make	сделать
доказывать	to prove	доказать (докажу, докажешь)
думать	to think	*no perfective*
жить (живу, живёшь)	to live	*no perfective*
зависеть (завишу, зависишь)	to depend	*no perfective*
закрывать	to close	закрыть (закрою, закроешь)
знать	to know	*no perfective*
значить	to mean, to signify	*no perfective*
идти (иду, идёшь) (*past*, он шёл, она шла, оно шло, они шли)	to go	пойти (пойду, пойдёшь; *past*, он пошёл, она пошла, они пошли)
издавать (*see* давать)	to issue, to publish	издать (*see* дать)
иметь	to have	*no perfective*
класть (кладу, кладёшь)	to lay, to place	положить
летать	to fly repeatedly	*no perfective*
лететь (лечу, летишь)	to be flying	полететь
лить (лью, льёшь)	to pour	вылить
мочь (могу, можешь, (*past*, он мог, она могла, они могли)	to be able	смочь
носить	to carry often, to wear	*no perfective*
нести (несу, несёшь) (*past*, он нёс, она несла, они несли)	to be carrying	понести
объяснять	to explain	объяснить
осматривать	to examine	осмотреть

† The perfective aspect implies completion; therefore, no perfective verb will exactly correspond in meaning to the imperfective. The *commonly associated perfectives* have been listed.

открыва́ть	to open	откры́ть (откро́ю, откро́ешь)
па́дать	to fall	упа́сть (упаду́, упадёшь; *past*, он упа́л, она́ упа́ла, они́ упа́ли)
писа́ть (пишу́, пи́шешь)	to write	написа́ть
по́мнить	to remember	*no perfective*
понима́ть	to understand	поня́ть (пойму́, поймёшь) (to grasp an idea)
принима́ть	to accept, to take	приня́ть (приму́, при́мешь)
производи́ть (произвожу́, произво́дишь)	to produce, to perform	произвести́ (произведу́, произведёшь *past*, он произвёл, она́ произвела́, они́ произвели́)
рабо́тать	to work	*no perfective*
учи́ть	to teach, to learn	научи́ть *and* вы́учить
чита́ть	to read	прочита́ть *or* прочесть (прочту́, прочтёшь, *past*, он прочёл, она́ прочла́, они́ прочли́)

Examining the list of verb infinitives in both aspects, one notes that a few verbs have no perfective aspect (**име́ть, зави́сеть**), while others have *two* imperfective forms (**носи́ть, нести́; лета́ть, лете́ть**). This phenomenon will be treated in Lesson 7.

Текст (Text)

1. Био́лог — специали́ст по биоло́гии. Тепе́рь молодо́й био́лог произво́дит интере́сный о́пыт. Он понима́ет, что результа́т о́пыта зави́сит от температу́ры в ко́лбе.

Дире́ктор открыва́ет дверь и идёт к молодо́му био́логу. Он даёт био́логу журна́л и говори́т, что в журна́ле пи́шут об интере́сном о́пыте. Молодо́й био́лог бы́стро чита́ет об о́пыте в журна́ле. Тепе́рь он зна́ет, что ста́рый профе́ссор в Москве́ уже́[1] произвёл тот же са́мый[2] о́пыт.

[1] **уже́** already
[2] **тот же са́мый** the very same

"Ста́рый профе́ссор — ге́ний," говори́т молодо́й био́лог. "За́втра я произведу́ но́вый о́пыт."

2. Когда́ дире́ктор откры́л дверь, что де́лал молодо́й био́лог? Он производи́л о́пыт. Он понима́л, что результа́т о́пыта зави́сит* от температу́ры воды́ в ко́лбе. Что сде́лал дире́ктор? Он дал био́логу журна́л. Он сказа́л молодо́му био́логу, что в журна́ле пи́шут* об интере́сном о́пыте. Что сде́лал молодо́й био́лог? Он бы́стро прочёл об о́пыте профе́ссора. Он по́нял, что ста́рый профе́ссор уже́ произвёл тот же са́мый о́пыт. Молодо́й био́лог сказа́л, что ста́рый профе́ссор — ге́ний.

3. Пастерна́к — знамени́тый сове́тский писа́тель. Он писа́л по-ру́сски. Он написа́л рома́н "До́ктор Жива́го." Но он не изда́л рома́на в Сове́тском Сою́зе. Вы мо́жете прочита́ть кни́гу Пастерна́ка по-англи́йски. Англи́йское изда́ние есть в библиоте́ке.

Упражне́ния (Exercises)

A. Choose the words in the correct case to satisfy the grammar of the sentence, then tell the reason for your choice.

    молодо́й хи́мик

1. Мы даём молодо́м хи́мике   но́вую кни́гу.

    молодо́му хи́мику

        земле́.

2. Раке́та па́дала на земля́.

        зе́млю.

    но́вого учи́теля.

3. Мы идём к но́вому учи́телю.

    но́вом учи́теле.

    ато́мный вес

4. Он не зна́ет ато́много ве́са ка́лия.

    ато́мному ве́су

        Москву́.

5. Мы ча́сто лета́ем в Москве́.

        Москва́.

    но́вой сме́сью

6. Фо́рмула но́вой сме́си   не тру́дная.

    но́вую смесь

---

* In indirect speech and related constructions the tense of the subordinate clause verb is usually the same as it would be in direct speech: **Ма́ша сказа́ла, что не зна́ет Петра́.** *Masha said she did not know* (*lit.* does not know) *Peter.* **Я знал, что они́ бу́дут жить в Москве́.** *I knew that they would live* (*lit.* will live) *in Moscow.*

       сырьé.
7. Соль — тип сырьё.
       сырья́.

           вода́
8. Человéк не мóжет жить без вóду   и соль
           воды́   сóли.
       звезды́.
9. Мы говори́м о звезду́.
       звездé.

B. Put the following words into the dative case.

си́ний цвет   тяжёлая молéкула   нóвый автомоби́ль
дорога́я пла́стика   плохóе ка́чество   плоха́я соль
интерéсная истóрия   слóжный слу́чай   ру́сский язы́к
                  плохóе стеклó

C. Form adverbs from the following adjectives.

     тяжёлый   истори́ческий   хорóший   тру́дный
     интерéсный   плохóй   бы́стрый   коми́ческий

D. Put the verbs into the correct form, present and past.
1. Реáкция (идти́) бы́стро.   2. Мы (дава́ть) кни́гу писа́телю.
3. Они́ (учи́ть) хи́мика ру́сскому языку́.   4. Результа́т (зави́-
сеть) от мéтода.   5. Вы (класть) кóлбу на стол.   6. Изобрета́-
тель (принима́ть) э́то во внима́ние.   7. Э́то не (мочь) быть.

E. Write out complete sentences, putting the words in the
parentheses into the correct case, and translate.
1. Америка́нский профéссор пи́шет письмó (знамени́тый
писа́тель).   2. Э́то дéлают по (нóвая фóрмула).   3. Вы не
вéрите (молода́я сестра́)?   4. Кто мéдленно идёт к (ста́рый
изобрета́тель)?   5. Она́ у́чит студéнта (ру́сский язы́к).

F. Put the following sentences into the future and translate.
1. Инженéр ча́сто писа́л сестрé.   2. Вы всегда́ лета́ете в
Москву́?   3. В урóке бы́ло тру́дное уравнéние.   4. Сестра́ не
повéрила молодóму изобрета́телю.   5. Биóлог написа́л кни́гу об
óпыте.   6. Дирéктор не жил в Ленингра́де.   7. Студéнт поло-
жи́л кни́гу на стол.   8. Кто учи́л писа́теля англи́йскому языку́?
9. Что вы сдéлали в кла́ссе?   10. Что америка́нский хи́мик
дéлал в Совéтском Союзе?

Шестой Урок

SIXTH LESSON

Словáрь (Vocabulary)

большóй	big, large	нельзя́	it is forbidden, impossible
бумáга	paper		
вáжный	important	ночь (*f.*)	night
весна́	spring	óсень (*f.*)	autumn
вéчер	evening	отéц*	father
вúдеть (увúдеть)	to see	óчень	very
		пéред (+ *instr.*)	before, in front of
всё	everything	под (+ *instr.*)	under, near
день (*m.*)*	day	поколéние	generation
держáть	to hold	получáть (получúть)	to receive, to get, to obtain
для (+ *gen.*)	for, for sake of		
жена́	wife	посылáть (послáть)	to send
за (+ *instr.*)	after, behind		
зáпад	west	почтú	almost
зáпадный	western	прáвить	to drive
здáние	building	прáвый	right
игрáть (сыгрáть)	to play	принадлежáть	to belong
		рáзница	difference
лежáть	to lie (recline)	рука́	hand
лéто	summer	слы́шать (услы́шать)	to hear
любúть (полюбúть)	to love		
		сообщéние	communication
мéжду (+ *instr.*)	between, among	спать	to sleep
над (+ *instr.*)	over	стоя́ть	to stand
		тáкже	also
		у́мный	intelligent

Associated Words†

бúтва	battle	значéние	meaning, significance, value
висéть	to hang		
влия́ние	influence	интерéс	interest
жизнь (*f.*)	life	мóжно	it is possible, one may

* See **7-F**.
† Words with roots similar to words learned previously.

36

Loan Words

Евро́па	Europe	По́льша	Poland
кри́тик	critic	рели́гия	religion
критикова́ть	to criticize	роль (*f.*)	role
культу́ра	culture	скептици́зм	skepticism
ле́вый	left	телефо́н	telephone
микроско́п	microscope	телефо́нный	telephonic

Expressions for Memorization

так как   since
при э́том   moreover, in addition
всё же   nevertheless (же alone usually is not translated, as it is used primarily for emphasis.)

Так как он ге́ний, он бы́стро чита́ет и сра́зу понима́ет по-ру́сски. **При э́том,** он всё по́мнит; но он **всё же** не понима́ет ва́жной фо́рмулы в но́вой ру́сской кни́ге.

Since he is a genius, he reads quickly and understands Russian immediately. Moreover, he remembers everything; but nevertheless he does not understand the important formula in the new Russian book.

Грамма́тика (Grammar)

6-A. Instrumental Case of Nouns

1. *Masculine nouns* ending in a consonant form the instrumental case by adding **-ом**. Those ending in **-ь** and **-й** replace this letter with **-ем (ём)**.

Those ending in **ж, ц, ч, ш** and **щ** require special attention due to the spelling rules.*

2. *Feminine nouns* in **-а** and **-я** form the instrumental case by changing the endings to **-ой (-ою)** and **-ей (-ею)** or, if accented, to **-ёй (-ёю)**. Those ending in **-ия** replace the last letter with **-ей (-ею)** and those in **-ь** replace this with **-ью**.

3. *Neuter nouns* ending in **-о** and **-е** form the instrumental by changing the endings to **-ом** and **-ем** respectively.

4. Examples:

Masc.	*nom.*	а́том	чита́тель	слу́чай	ра́дий
	instr.	а́том**ом**	чита́тел**ем**	слу́ча**ем**	ра́ди**ем**
Fem.	*nom.*	раке́та	земля́	исто́рия	соль
	instr.	раке́т**ой**	земл**ёй**	исто́ри**ей**	со́л**ью**
Neut.	*nom.*	ме́сто	мо́ре	тре́ние	
	instr.	ме́ст**ом**	мо́р**ем**	тре́ни**ем**	

* See Appendix A.

6-B. Instrumental Case of Adjectives

1. Masculine adjectives in **-ый** and **-ой** form the instrumental by changing the endings to **-ым**. Masculine adjectives in **-ий** take **-им**.

2. Feminine adjectives in **-ая** and **-яя** form the instrumental by changing the endings to **-ой** (**-ою**) and **-ей** (**-ею**) respectively.

3. Neuter adjectives in **-ое** and **-ее** form the instrumental by changing the endings to **-ым** and **-им** respectively.

4. Examples:

Masc.	*nom.*	нóвый	молодóй	сúний
	instr.	нóвым	молоды́м	сúним
Fem.	*nom.*	нóвая	молодáя	сúняя
	instr.	нóвой	молодóй	сúней
Neut.	*nom.*	нóвое	молодóе	сúнее
	instr.	нóвым	молоды́м	сúним

6-C. Use of the Instrumental Case

The *instrumental case* is used
1. *To denote the means or instrument.*

Я закрывáю смесь бумáг**ой**.	I am covering the mixture with paper.
Он объяснúл уравнéние при-мéр**ом**.	He explained the equation by means of an example.

Note: No preposition is required to express ''with.''
2. *In certain adverbial expressions of time.*

весн**óй**	in the spring (from **веснá**, *spring*)
лéт**ом**	in the summer (from **лéто**, *summer*)
óсен**ью**	in the fall (from **óсень**, *fall*)
зим**óй**	in the winter (from **зимá**, *winter*)
ýтр**ом**	in the morning (from **ýтро**, *morning*)
дн**ём**	by day, during the day (from **день**, *day*)
вéчер**ом**	in the evening (from **вéчер**, *evening*)
нóч**ью**	by night (from **ночь**, *night*)

3. After certain common verbs.*

a. **прáвить** *to drive*

Он плóхо **прáвит** автомо-бúл**ем**.	He drives the car badly.

* See Appendix F for other verbs requiring the instrumental.

4. *As the predicate instrumental.*
Words used as the predicate completion or complement of certain verbs (including **быть**) are frequently in the instrumental instead of the nominative, especially when a *temporary condition* or *change of state* is described.

Он бу́дет био́лог**ом**.	He *will be* a *biologist.*
Когда́ я был студе́нт**ом**, я чита́л сове́тский журна́л.	When I *was* a *student,* I read a Soviet magazine.

For other examples of the *predicate instrumental,* see ¶ **9-B**.

5. *With certain common prepositions.*
a. **с, со** = *with, along with, in the company of, against*

Он говори́т **с** хи́мик**ом**.	He is speaking *with the chemist.*
Он всё чита́ет **с** больш**и́м** скептици́зм**ом**.	He reads everything *with great skepticism.*

b. **за** = *behind, after, for*

Большо́е зда́ние **за** библио- те́к**ой** — го́спиталь.	The large building *behind the library* is a hospital.
Мы посла́ли **за** специали́- ст**ом**.	We sent *for a specialist.*

c. **ме́жду** = *between, among*

Ме́жду на́три**ем** и ра́ди**ем** больша́я ра́зница в ве́се.	There is a great difference in weight *between sodium and radium.*
Ко́лба стоя́ла на столе́ **ме́ж- ду** аппара́т**ом** и ма́леньк**им** мото́р**ом**.	The flask was standing on the table *between the apparatus* and *the small motor.*

d. **пе́ред, пе́редо** = *in front of, before*

Мы рабо́тали **пе́ред** зда́ни**ем**.	We were working *in front of the building.*

e. **над, на́до** = *over, above, upon*

Ла́мпа виси́т **над** стол**о́м**.	The lamp hangs *over the table.*

f. **под, по́до** = *under, near*

Он спал **под** стол**о́м**.	He used to sleep *under the table.*
Би́тва име́ла ме́сто **под** Моск- в**о́й**.	The battle took place *near Moscow.*

Note: The prepositions **под** and **за** take the *accusative* case when indicating the direction of an action:

Она положила бумагу **под** книгу.	She put the paper *under the book.*
Они идут **за** фабрику.	They are going *behind the factory.*

6-D. Verbs of the First Conjugation (continued)

Verbs with an infinitive ending in **-овать** and some verbs ending in **-евать** belong to a special class of the first conjugation. *Note* that the **-ова (-ева)** first changes to **-у (-ю)** and then the regular first conjugation endings are suffixed.

критиковать	критикую	критикуем
	критикуешь	критикуете
	критикует	критикуют

The past tense, as always, is formed from the infinitive.

критиковал, -ла, -ло, -ли

6-E. Verbs of the Second Conjugation (continued)

1. Verbs of the second conjugation with stems ending in **-б, -в, -г, -д, -з, -м, -п, -с, -ст, -т, -ф** regularly undergo the following stem changes in the first person singular *only*.

-б > бл	любить,	люблю,	любишь	to love
-в > вл	ловить,	ловлю,	ловишь	to catch
-м > мл	шуметь,	шумлю,	шумишь	to make noise
-п > пл	купить,	куплю,	купишь	to buy (*pf.*)
-ф > фл	трафить,	трафлю,	трафишь	to hit the mark
-д > ж	видеть,	вижу,	видишь	to see
-з > ж	возить,	вожу,	возишь	to transport
-с > ш	носить,	ношу,	носишь	to wear, to carry
-ст > щ	пустить,	пущу,	пустишь	to release, to allow
-т > ч	лететь,	лечу,	летишь	to be flying

2. Some common verbs with infinitive endings in **-ать** and **-ять** belong to the second conjugation. For example:

держать	to hold	я держу, ты держишь, он держит, мы держим, вы держите, они держат

| стоя́ть | to stand | я стою́, ты стои́шь, он стои́т, мы стои́м, вы стои́те, они́ стоя́т |

Other common verbs belonging to this category are:

лежа́ть	to lie	я лежу́, ты лежи́шь . . .
принадлежа́ть	to belong	я принадлежу́, ты принадлежи́шь . . .
слы́шать	to hear	я слы́шу, ты слы́шишь . . .
спать	to sleep	я сплю, ты спишь . . .

The reader will note that all the above examples follow the general rules for the conjugation of verbs of the second conjugation.

The past tense of these verbs is formed regularly: the infinitive minus **-ть** plus **-л, -ла, -ло, -ли**.

Текст (Text)

Read and translate.

1. В ка́честве кри́тика ста́рый профе́ссор написа́л, что э́то плохо́й рома́н. В ча́стности он критикова́л скептици́зм писа́теля.

2. — По рели́гии и культу́ре По́льша принадлежа́ла к за́падной Евро́пе, — сказа́л исто́рик. — Этот факт име́л о́чень ва́жное значе́ние для По́льши. Истори́чески, По́льша — часть Евро́пы, и совреме́нная По́льша та́кже принадлежи́т к за́паду.

3. Я слы́шал сообще́ние по ра́дио,* что цена́ стекла́ па́дает. Это о́чень хорошо́, потому́ что, когда́ я положи́л ко́лбу на стол, она́ упа́ла.

4. Я зна́ю, что телефо́нное сообще́ние в Москве́ не о́чень хоро́шее. Но говоря́т, что систе́ма телефо́нного сообще́ния ме́жду Москво́й и Ки́евом не плоха́я.

5. Тре́ние игра́ет большу́ю роль в жи́зни. Без тре́ния нельзя́ держа́ть кни́гу руко́й.

6. Молодо́й био́лог говори́л с инжене́ром. Био́лог сказа́л, что он произвёл ва́жный о́пыт, и что пи́шут о ва́жном о́пыте в журна́ле «Микроско́п». Инжене́р сказа́л, что он чита́ет э́тот журна́л с больши́м интере́сом.

7. У́мный челове́к принима́ет во внима́ние, что оте́ц принадлежи́т к ста́рому поколе́нию. Сообще́ние ме́жду ста́рым поколе́нием и но́вым поколе́нием о́чень тру́дное.

* This word is not declined.

Упражне́ния (Exercises)

A. Put the words in the parentheses into the correct cases and translate.

1. Тру́дно писа́ть без (бума́га). 2. Он не зна́ет (ра́зница) ме́жду (био́лог) и (биоло́гия). 3. Стекло́ лежа́ло на (стол) пе́ред (ко́лба), но за (кни́га). 4. Он ча́сто говори́л со (знамени́тый изобрета́тель) о (плохо́е телефо́нное сообще́ние). 5. Ме́жду (Ки́ев) и (Но́вгород) есть телефо́нное сообще́ние. 6. Цена́ (ко́лба) зави́сит от (ка́чество) стекла́. 7. Он дал (францу́зский писа́тель) истори́ческий рома́н о (Фра́нция). 8. Англи́йский писа́тель Га́лсуорси был под влия́нием (ру́сский писа́тель). 9. Ма́ша положи́ла (бума́га) на (земля́). 10. Она́ не могла́ чита́ть пе́ред (би́тва).

B. Supply the correct prepositions and translate.

1. Я люблю́ говори́ть _____ хи́миком. 2. Мы кладём кни́гу _____ бума́гу. 3. Он тепе́рь стои́т _____ ме́сте. 4. Журна́л лежа́л _____ столо́м. 5. Я не мог ви́деть био́лога; он стоя́л _____ профе́ссором. 6. До́ктор посыла́ет _____ специали́стом. 7. Инжене́р не мог рабо́тать _____ аппара́та. 8. Рома́н лежа́л на столе́ _____ писа́телем. 9. Вы зна́ете ра́зницу _____ ве́чером и но́чью? 10. Что изобрета́тель де́ржит _____ ле́вой руке́?

C. Arrange the following groups of words into proper sentences.

1. на	2. большо́й	3. фо́рмулы	4. закрыва́ет
ко́лба	уравне́ние	не	он
но́вом	в	студе́нт	дверь
стои́т	кни́ге	знал	всегда́
больша́я	но́вое	но́вой	институ́та
столе́			ве́чером

5. температу́ры	6. пе́ред	7. дал
зави́сит	за	приме́р
цвет	посла́л	профе́ссор
мета́лла	би́твой	цве́та
от	до́ктором	просто́й
	он	влия́ния

Седьмой Урок

SEVENTH LESSON

Словарь (Vocabulary)

а	but, and	**и́ли**	or
бе́гать	(*hab.*) to run	**коне́ц**	(*gen.* **конца́**) end
бежа́ть	to run	**муж**	husband
(**побежа́ть**)		**нача́ло**	beginning
брать; беру́,	to take	**нести́ (понести́)**	to carry
-ёшь		**ого́нь** (*m.*)	fire
(*pf.* **взять :**		**отве́т**	answer
возьму́, -ёшь)		**поря́док**	order
везти́ (повезти́)	to haul	**со́хнуть**	to grow dry, to
вести́ (повести́)	to lead		dry up
води́ть	(*hab.*) to lead	**тро́гать**	to touch
вопро́с	question	(**тро́нуть**)	
вот	here, there's a	**тяну́ть**	to pull
вся́кий	each	(**потяну́ть**)	
дви́гать	to move	**ходи́ть**	(*hab.*) to go, to
(**дви́нуть**)			walk
дере́вня	village, country	**хоте́ть; хочу́,**	to want, to want to
до (+ *gen.*)	up to, until	**хо́чешь,**	
е́здить	(*hab.*) to go (*except*	**хо́чет,**	
	on foot)	**хоти́м,**	
е́хать (пое́хать)	to go (*except on*	**хоти́те,**	
	foot)	**хотя́т**	
		(**захоте́ть**)	

Associated Words

вноси́ть	to bring in	**относи́ть**	to remove, to
(**внести́**)		(**отнести́**)	attribute
приноси́ть	to bring	**уноси́ть**	to carry off
(**принести́**)		(**унести́**)	

43

Loan Words

америка́нец	American	теоре́ма	theorem
америка́нка	American (*f.*)	центр	center
дире́ктор	director	эне́ргия	energy

Expressions for Memorization

для того́, что́бы   in order to
во вся́ком слу́чае   in any case
с нача́ла до конца́   from beginning to end
Он э́то сде́лал **для того́, что́бы** доказа́ть теоре́му.
He did this in order to prove the theorem.
Он рабо́тает ме́дленно, но **во вся́ком слу́чае** непло́хо.
He works slowly, but in any case not badly.
Он бы́стро прочита́л но́вый рома́н **с нача́ла до конца́**.
He quickly read the new novel from beginning to end.

Грамма́тика (Grammar)

7-A. Review of Verbs

1. *Present tense.* Possible endings for the present tense can be summarized as follows:

FIRST CONJUGATION	SECOND CONJUGATION
-у (ю)	-ю (у)
-ешь (ёшь)	-ишь
-ет (ёт)	-ит
-ем (ём)	-им
-ете (ёте)	-ите
-ут (ют)	-ят (ат)

2. *Future tense.*

a. *The future imperfective* is rendered by the future tense of **быть** plus the imperfective infinitive.

я бу́ду рабо́тать	I shall be working, I shall work
ты бу́дешь рабо́тать	you will be working, you will work
он бу́дет рабо́тать	he will be working, he will work
мы бу́дем рабо́тать	we shall be working, we shall work
вы бу́дете рабо́тать	you will be working, you will work
они́ бу́дут рабо́тать	they will be working, they will work

b. *The future perfective* is formed by adding endings similar to those of the present tense to the stem of the perfective verb:

написа́ть	сде́лать	закры́ть
я напишу́	сде́лаю	закро́ю
ты напи́шешь	сде́лаешь	закро́ешь
он напи́шет	сде́лает	закро́ет
мы напи́шем	сде́лаем	закро́ем
вы напи́шете	сде́лаете	закро́ете
они́ напи́шут	сде́лают	закро́ют

3. *Past tense.* Possible endings for the past tense of imperfective and perfective verbs can be summarized as follows:

Masculine, first, second, and third persons singular **-л**
Feminine, first, second, and third persons singular **-ла**
Neuter, third person singular **-ло**
All plurals **-ли**

7-B. Additional Notes on the Past Tense

1. Certain verbs use an irregular stem for the past tense. Study the examples below:

INFINITIVE		PAST TENSE
мочь	to be able	**мог, могла́, могло́, могли́**
класть	to put	**клал, кла́ла, кла́ло, кла́ли**

2. Some of the verbs whose infinitives end in **-ти** also use an irregular stem in the past tense.

INFINITIVE		PAST TENSE
нести́	to carry	нёс, несла́, несло́, несли́
принести́	(*pf.*) to bring	принёс, принесла́, принесло́, принесли́
везти́	to haul	вёз, везла́, везло́, везли́
идти́	to be going	шёл, шла, шло, шли
вести́	to lead	вёл, вела́, вело́, вели́
произвести́ (*pf.*) to produce		произвёл, произвела́, произвело́, произвели́

Note: The masculine singular forms of the first three verbs noted above give no indication that they are past tense verb forms, for they lack the expected **-л** ending. The student must be able to recognize these forms, as they are often met in texts.

7-C. Habitual and Actual Verb Pairs

1. Several verbs have two imperfective forms: one indicates habitual action and the other indicates action that is actually going on or in progress.

ходи́ть to go (*on foot*) (*habitual*)   **идти́** to go (*on foot*) (*actual*)

Он всегда́ **хо́дит** в библио- те́ку с жено́й.	He *always goes* to the library with his wife.
Они́ тепе́рь **иду́т** в библио- те́ку.	They *are now going* to the library.

2. Many common verbs of motion, among others, belong to this pair type.

HABITUAL FORM		ACTUAL FORM
е́здить	to go (*not on foot*)	е́хать (е́ду, е́дешь)
носи́ть	to carry	нести́ (несу́, несёшь)
води́ть	to lead	вести́ (веду́, ведёшь)
вози́ть	to transport, haul	везти́ (везу́, везёшь)
лета́ть	to fly	лете́ть (лечу́, лети́шь)
бе́гать	to run	бежа́ть (бегу́, бежи́шь, бежи́т, бежи́м, бежи́те, бегу́т)

3. The past tense of the habitual form renders the meaning *used to* ____ or *would* ____, whereas the past tense of the actual form renders a progressive past: *was* ____ *-ing*.

Он ча́сто **е́здил** в Москву́ автомоби́лем.	He often *used to go* (*would go*) to Moscow by car.
Когда́ она́ **е́хала** в го́род, она́ уви́дела ста́рого про- фе́ссора.	When she *was going* to town, she saw the old professor.

4. Verbs of the ''habitual-actual'' category are very commonly combined with prefixes,* in which case the ''habitual-actual'' relationship is lost. The habitual form with a prefix usually becomes the imperfective and the actual form with the same prefix becomes the perfective. Together they are a regular imperfective = perfective verb pair.

EXCEPTION: The prefix **по-** renders all verbs of the habitual-actual category *perfective*.

* For a list of prefixes, see p. 126

IMPERFECTIVE	PERFECTIVE	MEANING
уносить	унести	to carry off
относить	отнести	to remove, to relate, to attribute, to carry off
вносить	внести	to bring in
приносить	принести	to bring

7-D. Verbs in -нуть

1. Verbs with infinitives ending in **-нуть** are of the first conjugation. Note, however, that the verb stem is formed by removing **-уть**.

сохнуть, сохну, сохнешь   to grow dry
тянуть, тяну, тянешь   to pull

2. Most verbs in **-нуть** are *perfective*.

двинуть, двину, двинешь (*pf. of* двигать)   to move
тронуть, трону, тронешь (*pf. of* трогать)   to touch

3. Most verbs in **-нуть** form the past tense in the usual manner, i.e., by dropping **-ть** and adding the past tense endings. Several verbs of this category *which denote a process* form the past tense by dropping **-нуть** and adding the past tense endings to the stem. However, if after dropping **-нуть** the last letter of the stem is **-з, -к, -с,** or **-х,** the past tense ending **-л** is omitted from the masculine past form:

INFINITIVE	MEANING	PAST TENSE
сохнуть	to grow dry	сох (*m.*), сохла (*f.*) сохло (*n.*), сохли, (*pl.*)
привыкнуть	to grow accustomed to	привык (*m.*), привыкла (*f.*) привыкло (*n.*), привыкли (*pl.*)
стынуть	to grow cold	стыл (*m.*), стыла (*f.*) стыло (*n.*), стыли (*pl.*)

7-E. The Use of нет

1. The word **нет** may mean *there is no, there are no, there is not, there are not.* It must be used with the *genitive case,* singular or plural.

В городе **нет** госпиталя.	*There is no hospital* in the town.
На столе **нет** письма.	*There is no letter* on the table.

2. The *past tense* of **нет** is **нé было**. This form is *invariable*, and also must be used with the *genitive*.

Лéтом **нé было** водь́ в дерéвне.	In summer *there was no water* in the village.

3. The *future tense* of **нет** is **не бýдет**. This form is *invariable*, and must be used with the *genitive*.

Не бýдет мéста для большóго здáния в цéнтре гóрода.	*There will not be a place* for a large building in the center of town.

7-F. Tables of Singular-noun Declensions

1. *Masculine*

	átom	поэ́т	автомобиль	писáтель	слýчай	рáдий
nom.						
gen.	a	a	я	я	я	я
dat.	y	y	ю	ю	ю	ю
acc.		a	ь	я	й	й
instr.	ом	ом	ем	ем	ем	ем
prep.	e	e	e	e	e	и

2. *Neuter*

	мéсто	мóре	трéние
nom.			
gen.	a	я	я
dat.	y	ю	ю
acc.	o	e	e
instr.	ом	ем	ем
prep.	e	e	и

These endings may be summarized as follows:

Case	Hard stem		Soft stem	
	Masc.	*Neut.*	*Masc.*	*Neut.*
nom.	—	-o	-ь, -й	-e
gen.	-a	-a	-я	-я
dat.	-y	-y	-ю	-ю
acc.	like *nom.* or *gen.*	-o	like *nom.* or *gen.*	-e
instr.	-ом	-ом	-ем	-ем
prep.	-e	-e	-e; -и (if -ий)	-e; -и (if -ие)

Note: Some masculine nouns drop the final stem vowel (normally **o**, **e**, or **ё**) in the inflected forms:

конéц	америкáнец	отéц	огóнь	день	порáдок
концá	америкáнца	отцá	огня́	дня	порáдка

концу́	америка́нцу	отцу́	огню́	дню	поря́дку
конéц	америка́нца	отца́	огóнь	день	поря́док
концóм	америка́нцем	отцóм	огнём	днём	поря́дком
концé	америка́нце	отцé	огнé	дне	поря́дке

3. Feminine

	nom.			
nom.	ракéта	дерéвня	энéргия	соль
gen.	ы	и	и	и
dat.	е	е	и	и
acc.	у	ю	ю	ь
instr.	ой(ою)	ей(ею)	ей(ею)	ью
prep.	е	е	и	и

7-G. Tables of Adjectival Declensions

1. Masculine

	nom.			
nom.	нóвый	молодóй	рýсский*	си́ний
gen.	ого	ого	ого	его
dat.	ому	ому	ому	ему
acc.	— — — —	like nom. or gen.	— — —	
instr.	ым	ым	им*	им
prep.	ом	ом	ом	ем

2. Neuter

	nom.			
nom.	нóвое	молодóе	рýсское	си́нее
gen.	ого	óго	ого	его
dat.	ому	óму	ому	ему
acc.	ое	óе	ое	ее
instr.	ым	ы́м	им*	им
prep.	ом	ом	ом	ем

3. Feminine

	nom.			
nom.	нóвая	молода́я	рýсская	си́няя
gen.	ой	óй	ой	ей
dat.	ой	óй	ой	ей
acc.	ую	ýю	ую	юю
instr.	ой(ою)	óй(óю)	ой(ою)	ей(ею)
prep.	ой	óй	ой	ей

Текст (Text)

Read and translate.

1. Ýмный муж всегда́ понима́ет женý?
2. Она́ отнесла́ письмó на фа́брику.

* Remember that after к, ы cannot appear.

3. Всякий человек любит жить в деревне летом.
4. Я не хочу читать книгу до конца.
5. Здесь нет места для стола.
6. Кто унёс дорогую лампу директора?
7. Отнесли старого профессора в госпиталь.
8. Я не знаю ответа, потому что не понимаю вопроса.
9. «Быть или не быть, вот вопрос», сказал Гамлет.
10. Она ничего не знает, но думает, что всё знает.
11. Надо это сделать для государства.
12. Ответ зависит от вопроса.
13. Он принял книгу от профессора.
14. Что значит слово «издавать»?
15. Перед опытом двинули стол и закрыли дверь.
16. Внимание молодого студента трогает девушку.
17. Бумага на столе. Она сохнет.
18. Мы принадлежим к новому поколению, а Гитлер и Сталин к старому.
19. Вы любите Париж? Да, вот интересный город.
20. Для того, чтобы читать, надо иметь книгу.
21. Письмо советского инженера очень тронуло писателя.
22. Он берёт книгу со стола.
23. Они взяли колбу из огня.
24. Это очень трудный вопрос.
25. Не надо стоять на столе для того, чтобы осматривать пол.
26. Надо положить бумагу на стол.
27. Мы не имели влияния на государство.
28. Они не понимали значения ответа.
29. Он всё критикует, но ничего не делает.
30. Можно читать в библиотеке вечером?
31. В Советском Союзе нельзя критиковать государство.
32. Днём он работает в городе, а ночью он спит в деревне.
33. Роль религии в современной жизни — большая.

Упражнения (Exercises)

A. *Dictionary practice.* The following selections have been taken from standard Russian texts. Your grammatical preparation should be sufficient to enable you to make accurate translations. Words that you do not know should be looked up in your dictionary.

1. Вода океана содержит, в среднем, в 1 л 27 г хлористого натрия, 0,8 г хлористого калия, 3,2 г хлористого магния, 2,1 г серномагниевой соли, 1,3 сернокальциевой соли.

2. Татарское иго тяжело лежало на Руси. Оно разрушало хозяйство, задерживало развитие русской общественной и

госуда́рственной жи́зни, и оскорбля́ло национа́льное чу́вство. И всё же завоева́тель не смог сломи́ть ру́сский наро́д.

3. В э́то вре́мя в гости́ную вошло́ но́вое лицо́. Но́вое лицо́ э́то был молодо́й князь Андре́й Болко́нский, муж ма́ленькой княги́ни. Князь Болко́нский был небольшо́го ро́ста, весьма́ краси́вый молодо́й челове́к. Всё в его́ фигу́ре представля́ло ре́зкую противополо́жность с его́ ма́ленькой жено́й.

B. Put the indicated words into the case required by the preposition.

1. Он стои́т за _____ { большо́е зда́ние. / но́вая библиоте́ка. / ру́сский го́спиталь.

2. Мы не хоти́м говори́ть с(о) _____ { ста́рый профе́ссор. / ва́жный кри́тик. / молода́я жена́.

3. Тру́дно жить без _____ { телефо́нное сообще́ние. / хоро́ший автомоби́ль.

4. Ко́лба упа́ла с(о) _____ (стол).

5. Он шёл к _____ { знамени́тый фи́зик. / но́вый го́род. / ста́рая дере́вня. / си́нее мо́ре.

6. Она́ стоя́ла ме́жду _____ { специали́ст и до́ктор. / автомоби́ль и зда́ние.

7. Он э́то сде́лал для _____ { но́вое госуда́рство. / молода́я жена́.

8. Мы говори́ли о(б) _____ { ру́сская культу́ра. / америка́нская исто́рия. / ва́жный челове́к. / тру́дный вопро́с.

9. Кни́га лежа́ла пе́ред _____ { дверь. / стол. / профе́ссор. / ко́лба.

C. *Practice declensions* (a suggested exercise for increasing the student's skill in identifying case endings):

1. си́ний цвет. 2. вся́кий го́спиталь. 3. типи́чный приме́р. 4. дорого́е сырьё. 5. большо́е влия́ние. 6. кинети́ческая эне́ргия. 7. после́днее уравне́ние. 8. тяжёлая жизнь. 9. хоро́ший день. 10. интере́сный америка́нец.

Восьмой Урок

EIGHTH LESSON

Словарь (Vocabulary)

ведущий	leading	пора	time, season
восемь	eight	после (+ gen.)	after
восьмой	eighth	последний	last
всемирный	universal	право	law, right
вскоре	soon, shortly	продолжение	continuation
год	year	пусть	let!
другой	other, different	следовать	to follow, to be
его	his		necessary
какой	which, what kind of	слушать	to listen to
		смерть (f.)	death
много (+ gen.)	much, many	создание	creation
называть (назвать)	to name call	состоять (из + gen.)	to consist (of)
неделя	week	СССР	U.S.S.R.
немец	German (noun)	такой	such, such a
никто	no one	товарищ	comrade
однако	however	тот, та, то; те	that; those
основывать (основать)	to found	умирать (умереть; умру, умрёшь; past, умер, умерла)	
отделение	department, branch, separation		to die
		учреждение	establishment, institution
отмечать (отметить)	to note	через (+ acc.)	through, by
ошибка	error	шуметь (зашуметь)	to make noise
показывать (показать)	to show		

Associated Words

наука	science, knowledge	смотреть (посмотреть) (на + acc.)	to look (at)
научный	scientific		

находи́ть (найти́)	to find	уме́ть	to know how
никогда́	never	учёный	scientist, scientific
обознача́ть (обозна́чить)	to denote		

Loan Words

акаде́мик	academician	организа́ция	organization
акаде́мия	academy	репута́ция	reputation
бакте́рия	bacterium	техни́ческий	technical
биологи́ческий	biological	фи́зика	physics
географи́ческий	geographical	филосо́фия	philosophy
геоло́гия	geology	хими́ческий	chemical
Герма́ния	Germany	цари́ца	empress, tsarina
литерату́ра	literature	царь (m.)	emperor, tsar
математи́ческий	mathematical	эконо́мика	economics

Expressions for Memorization

сле́дует отме́тить	one must note, is necessary to note
и др. (и други́е)	and others, et al.
с тех пор	since then
в э́том году́	this year (lit. in this year)

Сле́дует отме́тить, что Пётр Пе́рвый мно́го сде́лал для организа́ции ру́сской Акаде́мии Нау́к.
It should be noted that Peter I did a great deal for the organization of the Russian Academy of Sciences.

Алекса́ндр Бэл, То́мас Уа́тсон, То́мас Э́дисон **и др.** рабо́тали над пробле́мой телефо́нного сообще́ния.
Alexander Bell, Thomas Watson, Thomas Edison and others worked on the problem of telephonic communication.

Вчера́ жена́ поби́ла му́жа. **С тех пор** он лежи́т* в го́спитале.
Yesterday the wife beat her husband. Since then he has been in the hospital.

Госуда́рство откры́ло друго́е но́вое учрежде́ние **в э́том году́**.
The government opened another new institution this year.

Грамма́тика (Grammar)
8-A. Declensions of Nouns in the Plural

1. *Nominative plural*

a. Masculine and feminine. Most masculine and feminine nouns take **-ы** for the nominative plural if the final consonant is hard (non-

---

* Action begun in the past and continued in the present is expressed by a verb in the present tense.

palatalized) and -и if the final consonant is soft. After г, к, х, ж, ч, ш, and щ also the plural ending must be -и owing to spelling rules.

Masc.	*nom. sing.*	вопрóс	отéц	писáтель	слýчай	гéний	хи́мик
	nom. pl.	вопрóсы	отцы́	писáтели	слýчаи	гéнии	хи́мики
Fem.	*nom. sing.*	лáмпа	соль	дерéвня	релúгия		
	nom. pl.	лáмпы	сóли	дерéвни	релúгии		

There is a limited number of masculine nouns which take accented -á and -я́ for the nominative plural.

вéчер, вечер**á**   **профéссор,** профессор**á**

A list of these is presented in Appendix D.

b. Neuter. A neuter noun takes -a for the nominative plural if the final consonant is hard. After a vowel, or if the final consonant is soft, the ending is -я.

Neut.	*nom. sing.*	мéсто	пóле	учреждéние
	nom. pl.	местá	поля́	учреждéния

2. Genitive plural

a. Masculine. Nouns ending in a hard consonant take -ов; those ending in -й take -ев (or -ёв, if accented); and those ending in -ь or ж, ч, ш, щ take -ей.

Masc.	*nom. sing.*	вопрóс	слýчай	писáтель	товáрищ
	gen. pl.	вопрóсов	слýчаев	писáтелей	товáрищей

b. Feminine. Those nouns ending in -a and -я take a "zero" ending: i.e., they drop the final vowel. Note that those ending in -я must replace this with -ь to retain the palatalized quality of the stem consonant. Nouns ending in -ь take -ей (as do masculine nouns in -ь) and those ending in -ия take -ий.

Fem.	*nom. sing.*	лáмпа	недéля	соль	релúгия
	gen. pl.	ламп	недéль	солéй	релúгий

c. Neuter. Those nouns ending in -o take a "zero" ending; those in -e take -ей; and those in -ие take -ий.

Neut.	*nom. sing.*	мéсто	пóле	учреждéние
	gen. pl.	мест	полéй	учреждéний

Note: Many feminine and neuter nouns whose *stems* end in two consonants insert an -o- or an -e- between these consonants in the genitive plural.

nom. sing.	оши́бка	земля́	дерéвня	стеклó
gen. pl.	оши́бок	земéль	деревéнь	стёкол

3. *Accusative plural.* For all genders, the accusative endings agree with the nominative if the noun is *inanimate.* They agree with the genitive if the noun is *animate.* Thus, the accusative plurals of **вопрос** and **цена** are **вопросы** and **цены**, respectively, because these nouns are *inanimate.* But such nouns as **студент** and **жена** become **студентов** and **жён** in the accusative plural, because they are *animate.*

Note: Before proceeding to a discussion of the other plural case endings, the student should carefully study the following examples, which involve the use of *genitive* and *accusative plural nouns.*

Кто послал **студентов** за профессором?

Who sent the students for the professor?

Он не знает **цен автомобилей** в СССР.

He doesn't know the value of automobiles in the U.S.S.R.

Мы не видели **результатов опытов**.

We did not see the results of the experiments.

Он написал книгу о скорости **спутников**.

He wrote a book about the velocity of satellites.

Они читали трудный текст без **ошибок**

They read the difficult text without errors.

Здесь нет **столов**.

There are no tables here.

Не было **госпиталей** в большом городе.

There were no hospitals in the large town.

Немцы основали много **институтов**.

The Germans founded many institutes.

Создание Советским Союзом первого спутника имело большое значение для **американцев**.

The creation by the Soviet Union of the first satellite had great significance for Americans.

Книга состоит из **вопросов** и **ответов**.

The book consists of questions and answers.

Мы слышали **студенток** на улице.

We heard the girl students on the street.

4. *Dative, instrumental, and prepositional plurals.* For all nouns, regardless of gender, these endings are the same.

The dative plural ending is **-ам** (for soft stems **-ям**).
The instrumental plural is **-ами** (for soft stems **-ями**).
The prepositional plural is **-ах** (for soft stems **-ях**).

nom. sing.	вопро́с	царь	слу́чай	ла́мпа
dat. pl.	вопро́сам	царя́м	слу́чаям	ла́мпам
instr. pl.	вопро́сами	царя́ми	слу́чаями	ла́мпами
prep. pl.	вопро́сах	царя́х	слу́чаях	ла́мпах
nom. sing.	рели́гия	со́ль	ме́сто	по́ле
dat. pl.	рели́гиям	соля́м	места́м	поля́м
instr. pl.	рели́гиями	соля́ми	места́ми	поля́ми
prep. pl.	рели́гиях	соля́х	места́х	поля́х

Examples:

Жизнь писа́теля в **рука́х** специали́стов.	The life of the writer is in the hands of specialists.
Учёный не хоте́л говори́ть с **инжене́рами**.	The scholar did not want to talk with the engineers.
Исто́рик пи́шет о **рели́гиях** в Аме́рике.	The historian is writing about religions in America.
Акаде́мик объясни́л **студе́нтам** вопро́сы эконо́мики.	The academician explained problems of economics to the students.
— Опыты с **бакте́риями** име́ют большо́е значе́ние, — сказа́л био́лог.	"Experiments with bacteria have great significance," said the biologist.

8-B. Declensions of Adjectives in the Plural

These endings are quite regular and are the same for all genders of nouns modified. There are two types: *hard* and *soft*.

HARD PLURAL ADJECTIVAL DECLENSION

nom. sing. **но́вый** (стол) **но́вая** (ла́мпа) **но́вое** (пра́во)

nom. pl.	но́вые	(столы́, ла́мпы, права́)
gen. pl.	но́вых	(столо́в, ламп, прав)
dat. pl.	но́вым	(стола́м, ла́мпам, права́м)
acc. pl.	но́вые	(столы́, ла́мпы, права́)
instr. pl.	но́выми	(стола́ми, ла́мпами, права́ми)
prep. pl.	но́вых	(стола́х, ла́мпах, права́х)

SOFT PLURAL ADJECTIVAL DECLENSION

nom. sing. **после́дний** (уро́к) **после́дняя** (би́тва) **после́днее** (ме́сто)

nom. pl.	после́дние	(уро́ки, би́твы, места́)
gen. pl.	после́дних	(уро́ков, битв, мест)
dat. pl.	после́дним	(уро́кам, би́твам, места́м)

acc. pl.	после́дние	(уро́ки, би́твы, места́)
instr. pl.	после́дними	(уро́ками, би́твами, места́ми)
prep. pl.	после́дних	(уро́ках, би́твах, места́х)

Note: If the adjective modifies an animate plural noun in the accusative, the adjective, like the noun it modifies, must take a genitive plural ending.

Examples:

Мы рабо́тали с **знамени́тыми акаде́миками.**	We were working with famous academicians.
Он написа́л **сло́жные хими́ческие уравне́ния** без оши́бок.	He wrote the complex chemical equations without errors.
Кто объясни́т **америка́нским студе́нтам** значе́ние **сове́тских о́пытов**?	Who will explain the significance of the Soviet experiments to the American students?
Почему́ рома́н Гёте тро́нул **молоды́х не́мцев**?	Why did Goethe's novel move (touch) the young Germans?
Созда́ние **совреме́нных нау́чных учрежде́ний** да́ло **хоро́шие результа́ты**.	The creation of modern scientific establishments has yielded (given) good results.
В **сове́тских институ́тах** рабо́тают по **но́вым ме́тодам**.	In Soviet institutes they work according to new methods.

8-C. Тако́й, како́й, э́тот, тот

1. Once the student has come to recognize regular adjectival endings, he will have little difficulty with such adjectives as **тако́й** (*such*) and **како́й** (*which? what kind of? what? what a!*).

Case	SINGULAR m.	f.	n.	PLURAL all genders
nom.	тако́й	така́я	тако́е	таки́е
gen.	тако́го	тако́й	тако́го	таки́х
dat.	тако́му	тако́й	тако́му	таки́м
acc.	тако́й (тако́го)	таку́ю	тако́е	таки́е (таки́х)
instr.	таки́м	тако́й (тако́ю)	таки́м	таки́ми
prep.	тако́м	тако́й	тако́м	таки́х

2. **Э́тот** (*this*) is declined as follows:

Case	SINGULAR			PLURAL
	m.	*f.*	*n.*	*all genders*
nom.	э́тот	э́та	э́то	э́ти
gen.	э́того	э́той	э́того	э́тих
dat.	э́тому	э́той	э́тому	э́тим
acc.	э́тот (э́того)	э́ту	э́то	э́ти *or* э́тих
instr.	э́тим (!)	э́той (э́тою)	э́тим (!)	э́тими
prep.	э́том	э́той	э́том	э́тих

3. **Тот** (*that one, that*) is declined like **э́тот** in the singular (except for the masculine and neuter instrumental, which is **тем**) and as follows in the plural:

nom. pl.	те
gen. pl.	тех
dat. pl.	тем
acc. pl.	те *or* тех
instr. pl.	те́ми
prep. pl.	тех

4. Examples:

Кака́я ра́зница ме́жду **э́тими** слова́ми?	What is the difference between these words?
Я о́чень хочу́ рабо́тать с **таки́ми** знамени́тыми специали́стами.	I want very much to work with such famous specialists.
Вы понима́ете значе́ние **э́тих** слов?	Do you understand the significance of these words?
Кто чита́ет рома́ны **таки́х** писа́телей?	Who reads the novels of such writers?
Вы зна́ете це́ны **тех** автомоби́лей?	Do you know the prices of those automobiles?
По **э́тим** у́лицам е́здил царь.	The Tsar rode along these streets.

8-D. Никто́, ничего́, никогда́

In sentences with **никто́** (*nobody, no one*), **ничего́** (*nothing*), and **никогда́** (*never*), the verb must be negated by **не**.

Examples:

Никто́ не принёс аппара́та.	No one brought the apparatus.
Э́то **ничего́ не** дока́зывает.	This does not prove anything.
Оте́ц **никогда́ не** был в Евро́пе.	Father was never in Europe.

Note: Even "triple" and "quadruple" negatives occur when using more than one of these words:

В э́том институ́те **никто́ никогда́ ничего́ не** знал. — In this institute no one ever knew anything.

8-E. The Imperative Mood

This is the verb form expressing orders or commands.

1. The imperative of the *second person* singular and plural. The *stem* of the imperative is the third person plural minus **-ют (-ут)** or **-ят (-ат)**.

   a. If the stem ends in a vowel, the imperative ending is **-йте** (**-й** in the familiar form).

   b. If the stem ends in a consonant and if the first singular ending is accented, **-йте (-й)** occurs.

   c. If the stem ends in a consonant and if the first singular ending is *not* accented, **-ьте (-ь)** occurs after a single consonant and **-ите** (**-и**) after two consonants.

IMPERATIVE ENDING	INFINITIVE	1ST PERSON SING.	3RD PERSON PL.	STEM	IMPERATIVE
-йте	чита́ть	чита́ю	чита́ют	чита-	чита́йте!
	откры́ть	откро́ю	откро́ют	откро-	откро́йте!
-ите	говори́ть	говорю́	говоря́т	говор-	говори́те!
	шуме́ть	шумлю́	шумя́т	шум-	шуми́те!
-ьте	пове́рить	пове́рю	пове́рят	повер-	пове́рьте!

Examples:

Чита́йте уро́к!	Read the lesson!
Откро́йте дверь!	Open the door!
Говори́те гро́мко!	Speak loudly!
Не шуми́те!	Do not make noise!
Пове́рьте и́ли нет!	Believe it or not!

2. *The first person plural imperative.* In technical expository prose, especially in mathematics, the reader wiil very often encounter first person plural imperatives: e.g., "let us suppose"; "let us note." This imperative is formed from the first person plural of the regular future perfective, minus the pronoun.

PERFECTIVE	1ST PERSON PLURAL IMPERATIVE	MEANING
приня́ть	при́мем	let us assume
взять	возьмём	let us take
отме́тить	отме́тим	let us note
найти́	найдём	let us find
посмотре́ть (на + *acc.*)	посмо́трим	let us look at
положи́ть	поло́жим	let us suppose
обозна́чить	обозна́чим	let us denote
показа́ть	пока́жем	let us show
назва́ть (+ *instr.*)	назовём	let us name, call

Examples:

Отме́тим, что нет тако́го институ́та при акаде́мии.
Let us note that there is no such institute in the academy.

Поло́жим, что нет друго́го ме́тода.
Let us suppose that there is no other method.

Обозна́чим ско́рость реа́кции че́рез V.
Let us designate the velocity of the reaction by (*lit. through*) V.

Посмо́трим на но́вый аппара́т.
Let us look at the new apparatus.

«**Назовём** э́тот но́вый элеме́нт ра́дием», сказа́л Кюри́.
''*Let us call* this new element radium,'' said Curie.

3. *Third person imperative.* A third person imperative is formed by placing **пусть** before the third person singular or plural.

Пусть они́ слу́шают. Let them listen.
Пусть он ска́жет дире́ктору. Let him tell the director.
Пусть он найдёт отве́т. Let him find the answer.

4. *The infinitive is sometimes used in an imperative sense.* This is especially true in the case of written instructions, assignments, slogans, and the like. Study the following examples:

Показа́ть, что ско́рость реа́кции зави́сит от температу́ры воды́.
Show that the reaction's velocity depends on the temperature of the water.

Объясни́ть результа́ты четвёртого о́пыта.
Explain the results of the fourth experiment.

Не **шуме́ть**! Do not *make noise*!

Текст (Text)

Read and translate.

АКАДЕМИЯ НАУК СССР (I)

Акаде́мия Нау́к СССР — веду́щее нау́чное учрежде́ние Сове́тского Сою́за. Эта акаде́мия име́ет всеми́рную репута́цию. Царь Пётр Пе́рвый мечта́л* о созда́нии ру́сской акаде́мии нау́к и мно́го сде́лал для организа́ции э́того нау́чного учрежде́ния. Но Пётр у́мер в 1725 году́ и его́ втора́я жена́, цари́ца Екатери́на Пе́рвая, основа́ла Акаде́мию Нау́к вско́ре по́сле сме́рти му́жа. Говоря́т, что она́ не уме́ла ни чита́ть, ни писа́ть по-ру́сски.

С тех по́р при Акаде́мии Нау́к рабо́тали таки́е знамени́тые ру́сские учёные как М. В. Ломоно́сов, Н. И. Лобаче́вский, И. П. Па́влов и др. Сле́дует одна́ко отме́тить, что пе́рвые акаде́мики бы́ли не ру́сские, а не́мцы.

Сего́дня Акаде́мия Нау́к СССР состои́т из восьми́ нау́чных отделе́ний: фи́зико-математи́ческих нау́к, хими́ческих нау́к, геоло́го-географи́ческих нау́к, биологи́ческих нау́к, техни́ческих нау́к, исто́рии и филосо́фии, эконо́мики и пра́ва, литерату́ры и языка́.

(продолже́ние сле́дует)

Упражне́ния (Exercises)

A. Select the correct pairs of words, explain your choice, and translate.

1. Инжене́р не ве́рил ⎰молоды́х изобрета́телей.
   ⎱молоды́х изобрета́телях.
   ⎱молоды́м изобрета́телям.

2. Вы зна́ете ⎰после́дним изве́стиям?
   ⎱после́дних изве́стий?
   ⎱после́дние изве́стия?

3. Акаде́мик пока́зывает ⎰америка́нских био́логов⎱ нау́чные
   ⎱америка́нским био́логам⎰ журна́лы.
   ⎱америка́нских био́логах⎰

4. Вы чита́ли рома́ны ⎰совреме́нных писа́телей?
   ⎱совреме́нных писа́телях?
   ⎱совреме́нные писа́тели?

* мечта́ть to dream.

Каки́х но́вых учрежде́ний
5. Каки́м но́вым учрежде́ниям ⎫ госуда́рство откры́ло в э́том
Каки́е но́вые учрежде́ния ⎭ году́?

интере́сных результа́тах
6. Мы чита́ем об { интере́сных результа́тов } э́того о́пыта.
интере́сными результа́тами

7. Почему́ не́мец не хоте́л говори́ть
                                сове́тскими специали́стами?
                       с { сове́тским специали́стам?
                                 сове́тских специали́стов?

каки́ми соля́ми
8. Из { каки́х соля́х } э́то состои́т?
каки́х соле́й

хоро́ших приме́ров.
9. Вот кни́га с { хоро́ших приме́рах.
хоро́шими приме́рами.

знамени́тыми ру́сскими царя́ми.
10. Исто́рик писа́л о { знамени́тых ру́сских царя́х.
знамени́тых ру́сских царе́й.

B. Insert the appropriate preposition and translate.

1. Ско́рость реа́кции зави́сит _____ температу́ры. 2. Бакте́рии лежа́т _____ стекло́м. 3. Никто́ не мо́жет жить _____ на́трия? 4. Оте́ц посла́л _____ до́ктором. 5. Ле́то _____ весно́й и о́сенью. 6. Они́ говори́ли _____ всеми́рной репута́ции Акаде́мии Нау́к. 7. Студе́нт говори́л _____ други́м не́мцем. 8. Мы спа́ли _____ уро́ком. 9. Акаде́мия состои́т _____ нау́чных отделе́ний. 10. Фи́зик ничего́ не де́лает _____ организа́ции институ́та.

C. Put the following sentences into the plural and translate.

1. Лаборато́рия принадлежи́т сове́тскому институ́ту. 2. Это сло́во име́ет интере́сное значе́ние. 3. Би́тва име́ла ме́сто на большо́м по́ле. 4. Она́ дала́ сове́тскому специали́сту ва́жное сообще́ние. 5. Раке́та па́дает с большо́й ско́ростью. 6. Студе́нт не чита́л после́днего уро́ка. 7. Это — кни́га о ста́ром го́роде. 8. Био́лог произво́дит э́тот о́пыт в институ́те. 9. Кри́тик не слу́шает слов чита́теля.

D. Rearrange the following sentences to produce a meaningful sequence of events and translate:

С тех пор она́ живёт там у сестры́.

Он у́мер там.

Отме́тим, что э́ти о́пыты име́ли большо́е значе́ние для нау́ки.

В институ́те он производи́л интере́сные о́пыты.

Он лежа́л на у́лице.

Отнесли́ Акаде́мика Ивано́ва в го́спиталь.

По́сле сме́рти му́жа, жена́ Акаде́мика Ивано́ва пое́хала к сестре́ в Ленингра́д.

Одна́жды* Акаде́мик Ивано́в попа́л под маши́ну.†

Акаде́мик Ивано́в был знамени́тый учёный.

Он основа́л институ́т техни́ческих нау́к.

* **одна́жды** once.

† **попа́л под маши́ну** was hit by a car.

E. Decline in the singular and in the plural.

1. тру́дное сло́во. 2. сло́жная теоре́ма. 3. у́мный отве́т. 4. америка́нское пра́во. 5. сове́тская нау́ка. 6. интере́сный слу́чай. 7. больша́я ско́рость. 8. но́вое отделе́ние. 9. друго́й не́мец.

Девятый Урок

NINTH LESSON

Словарь (Vocabulary)

встречаться	to meet	представлять	to present
(встретиться)		(представить)	
грузинский	Georgian (adj.)	раствор	solution (e.g., of a
девятый	ninth		chemical)
её	her	редкий	rare
иногда	sometimes	решение	solution, decision
исследователь-	research (adj.)	самолёт	airplane
ский		самостоятель-	independent
каждый	each	ный	
количество	quantity	себя	self
крупный	large, coarse	состав	composition
общество	society	становиться	to become (pf.
около (+ gen.)	near	(стать)	only, to begin)
относиться	to regard, to relate	страна	country
(отнестись)	to	холодный	cold
отрасль (f.)	branch	чем	than
полезный	useful	явление	phenomenon
пользоваться	to use	являться	to be, to appear,
(воспользоваться) (+ instr.)		(явиться)	to appear before

Associated Words

больше	(adv.) more	например	for example
входить (войти)	to enter	основной	basic, primary
знание	knowledge, learn-	отдельный	separate
	ing	работа	work
известный	famous, known	разный	various, different
иметься	to be	совет	council, advice
казаться	to seem	узнавать	to find out
(показаться)		(узнать)	

Loan Words

армя́нский	Armenian (*adj.*)	о́рган	organ, member
коми́ссия	commission	райо́н	region
комите́т	committee	респу́блика	republic
метаморфо́за	metamorphosis	ста́нция	station
обсервато́рия	observatory	узбе́кский	Uzbek (*adj.*)

Expressions for Memorization

само́ собо́й разуме́ется	it goes without saying
относи́ться к (+ *dat.*)	to relate to, to regard, to have an attitude towards
что каса́ется (+ *gen.*)	so far as . . . is (are) concerned
обраща́ть внима́ние на (+ *acc.*)	to pay attention to

Само́ собо́й разуме́ется, что в Аме́рике хоро́шие инжене́ры.
It goes without saying that there are good engineers in America.

Как сове́тские био́логи **отно́сятся к** э́той тео́рии?
What is the Soviet biologists' attitude toward this theory?

Что каса́ется пла́нов дире́ктора. . . .
So far as the director's plans are concerned. . . .

Никто́ не **обраща́л внима́ния на** слова́ кри́тика.
No one paid attention to the words of the critic.

Грамма́тика (Grammar)

9-A. Personal and Interrogative Pronouns

1. Personal pronouns in the first and second persons are declined as follows:

nom.	я	ты	мы	вы
gen.	меня́	тебя́	нас	вас
dat.	мне	тебе́	нам	вам
acc.	меня́	тебя́	нас	вас
instr.	мной (мно́ю)	тобо́й (тобо́ю)	на́ми	ва́ми
prep	обо мне́	о тебе́	о нас	о вас

Examples:

Хи́мик **нас** не ви́дит.	The chemist does not see *us*.
Что он **вам** сказа́л?	What did he tell *you*?
Америка́нка лю́бит **меня́**.	The American woman loves *me*.
Дире́ктор хо́чет **вам** показа́ть результа́ты о́пыта.	The director wants to show *you* the results of the experiment.

2. Third person personal pronouns resemble the *soft* endings of such adjectives as **си́ний** and **после́дний**. These forms are prefixed by an **н-** *when the pronoun is the object of a preposition.*

	SINGULAR			PLURAL
Case	*m.*	*f.*	*n.*	*for all genders*
nom.	он	она́	оно́	они́
gen.	его́	её	его́	их
dat.	ему́	ей	ему́	им
acc.	его́	её	его́	их
instr.	им	ей (е́ю)	им	и́ми
prep.	о **нём**	о **ней**	о **нём**	о **них**

Examples:

Я ви́дел **его́** вчера́.	I saw *him* yesterday.
Вы ве́рите **ему́**?	Do you believe *him*?
Иди́те к **ней** и скажи́те **ей**, что здесь нет со́ли.	Go to *her* and tell *her* that there is no salt here.
Вы ча́сто ду́маете о **них**?	Do you often think of *them*?

3. The relative and interrogative pronouns **кто** and **что**.

nom.	кто	что
gen.	кого́	чего́
dat.	кому́	чему́
acc.	кого́	что
instr.	кем (!)	чем (!)
prep.	о ком	о чём

Examples:

О ком кри́тик написа́л э́ти слова́?	*About whom* did the critic write these words?
С кем она́ пошла́ в лаборато́рию?	*With whom* did she go to the laboratory?
Чего́ вы не понима́ете?	*What* don't you understand?

9-B. Refl ve Verbs

1. Russia. eflexive verbs end in the suffix **-ся** (if the letter *preceding* the s ffix is a consonant or soft sign) or **-сь** (if the letter preceding the suffix is a vowel). They often correspond to English verbs that are accompanied by a reflexive pronoun. In such cases, the suffix indicates that the action is directed towards the subject of the verb.* For example, the verb **одева́ться** means *to dress*

---

* *Caution:* A few reflexive verbs have meanings quite different from their non-reflexive forms. Example: **приходи́ться**. See ¶ 10-A.

oneself, whereas the non-reflexive form **одева́ть** means *to dress* (*someone else*).

я одева́юсь	I dress *myself*
ты одева́ешься	you dress *yourself*
он одева́ется	he dresses *himself*
мы одева́емся	we dress *ourselves*
вы одева́етесь	you dress *yourself* (or *yourselves*)
они́ одева́ются	they dress *themselves*

2. Reflexive verbs may have a passive meaning, as seen from the following examples:

В лаборато́рии **произво́дится** поле́зный о́пыт.	In the laboratory a useful experiment *is being conducted*.
Таки́е хими́ческие растворы ча́сто **встреча́ются**.	Such chemical solutions *are often encountered*.
Э́то явле́ние ре́дко **встреча́ется**.	This phenomenon *is rarely encountered*.

3. A number of Russian reflexive verbs cannot be translated by the English passive or by reflexive verbs: for example, **каза́ться** (*to seem*), **по́льзоваться** (*to use, to take advantage of*).

Мне **ка́жется**, что бакте́рии у́мерли.	*It seems* to me that the bacteria have died.
В э́тих о́пытах он **по́льзуется** больши́ми коли́чествами на́трия.	In these experiments he *uses* large quantities of sodium.

4. The imperfect aspect of the verb *to become* is reflexive in form (**станови́ться**). Its perfective aspect **стать**, which may also mean *to begin*, is non-reflexive. Both forms are often followed by the instrumental.

Мета́лл **стало́вится** холо́дным.	The metal is getting (becoming) cold.
Он **стал** изве́стным изобре́та́телем.	He became a famous inventor.
Институ́т **стал** изве́стным нау́чным учрежде́нием.	The institute became a famous scientific institution.
Студе́нты ста́ли шуме́ть.	The students began to make noise.

5. **Являться** is the imperfective aspect of **явиться** *to appear before*, *to report to*, but its most common meaning is simply *to be*. It is used with the instrumental.

Микроскóп **являéтся** по- лéзн**ым** аппарá**том**.	The microscope is a useful apparatus.

A frequently used construction which may baffle English-speaking readers is that in which **являться** is *followed* by its subject.

Основн**ым** óрган**ом** Акадéмии **являéтся** институ́т.	The institute is the fundamental organ of the Academy.
Результá**том** этого óпыта **являéтся** нóвая теóрия.	A new theory is the result of this experiment.

The following example, taken from a Soviet publication, is typical of sentences involving this construction:

Важнéйш**им** услóви**ем** мобилизáции масс на актѝвное решéние постáвленных пáртией задáч коммунистѝческого строѝтельства **являéтся** повседнéвная пропагáнда учéния марксѝзма-ленинѝзма.	Daily propagation of Marxist–Leninist dogma is a most important condition of mobilizing the masses for active solution of party-set tasks of Communist construction.

9-C. The Reflexive Pronoun "себя́"

The reflexive pronoun **себя́** (*self*) refers to the subject of the sentence and *has no nominative case*. In other cases it is declined as follows:

sing. & pl., m., f., n.

nom.	none
gen.	себя́
dat.	себé
acc.	себя́
instr.	собóй (собóю)
prep.	себé

Examples:

Хѝмик сдéлал **себé** нóвый аппарáт.	The chemist made *himself* a new apparatus.
Он чáсто говорѝт **о себé**.	He often speaks *about himself*.
Возьмём **с собóй** товáрищей.	Let's take some comrades *with us*.

The reflexive pronoun appears in some rather idiomatic expressions which are frequently encountered in technical Russian.

Метаморфо́за **представля́ет собо́й** интере́сное явле́ние.	Metamorphosis *is* (*lit.* presents by itself) an interesting phenomenon.
Само́ собо́й разуме́ется, что реше́ние э́того вопро́са нас не каса́ется.	It goes without saying that the solution of this problem does not concern us.

9-D. The Particle "ли"

The particle **ли** may be used in questions calling for a "yes" or "no" answer. **Ли** is also used in constructions which call for the word *whether* in English:

Examples:

Интере́сно **ли** э́то?	Is this interesting?
Кри́тик хоте́л знать, чита́ли **ли** они́ рома́н.	The critic wanted to know whether they had read the novel.
На́до знать, пошёл **ли** он в лаборато́рию или нет.	It is necessary to know whether he went to the laboratory or not.

9-E. "Как" as a Conjunction

The word **как**, in addition to serving as an adverb of manner ("how"), may be used as a conjunction in sentences *where in English a participle is used*. In the examples below, note also the *sequence of tenses*.

Он не ви́дел, **как** самолёты летя́т на́д Москво́й.	He did not see the planes flying over Moscow.
Но он слы́шал, **как** шумя́т студе́нты.	But he heard the students making noise.

9-F. Numerals

1	оди́н, одна́, одно́	7	семь
2	два (*m. and n.*), две (*f.*)	8	во́семь
3	три	9	де́вять
4	четы́ре	10	де́сять
5	пять	11	оди́ннадцать
6	шесть	12	двена́дцать

13 тринáдцать		60	шестьдеся́т
14 четы́рнадцать		70	сéмьдесят
15 пятнáдцать		80	вóсемьдесят
16 шестнáдцать		90	девянóсто
17 семнáдцать		100	сто
18 восемнáдцать		200	двéсти
19 девятнáдцать		300	три́ста
20 двáдцать		400	четы́реста
21 двáдцать оди́н		500	пятьсóт
22 двáдцать два		600	шестьсóт
23 двáдцать три		700	семьсóт
30 три́дцать		800	восемьсóт
40 сóрок		900	девятьсóт
50 пятьдеся́т		1000	ты́сяча

1. The numeral *one* is an *adjective* and is declined as follows:

Case	*m.*	*f.*	*n.*
nom.	оди́н	однá	однó
gen.	однoгó	однóй	однoгó
dat.	однoмý	однóй	однoмý
acc.	оди́н (однoгó)	однý (!)	однó
instr.	одни́м (!)	однóй	одни́м (!)
prep.	об одно́м	об одно́й	об одно́м

Note the following examples:

Здесь **однá** кни́**га**. There is one book here.

Мóжно э́то доказáть **одни́м** It is possible to prove this by
приме́**ром**. one example.

2. The numerals *two*, *three*, and *four* are declined as follows:

nom.	два, две*	три	четы́ре
gen.	двух	трёх	четырёх
dat.	двум	трём	четырём
acc.	два, две (двух)	три (трёх)	четы́ре (четырёх)
instr.	двумя́	тремя́	четырьмя́
prep.	двух	трёх	четырёх

3. Numerals from *five through twenty* have the same endings as
пять.

nom.	пять	
gen.	пяти́	The declension is the same
dat.	пяти́	as for any feminine noun
acc.	пять	ending in **-ь**.
instr.	пятью́	
prep.	пяти́	

* In the nominative case, **два** is used with *masculine* and *neuter nouns* and
две with *feminine*.

4. When *two*, *three*, or *four* are nominative or accusative in context and used with inanimate nouns, the dependent noun is in the genitive singular and its modifiers are in the genitive or (less often) nominative plural.

Мы име́ем **три** кни́ги.	We have three books.
В го́роде **две** лаборато́рии.	In the town there are two laboratories.
Био́лог нам показа́л **четы́ре** но́в**ых** (но́в**ые**) микро-ско́п**а**.	The biologist showed us four new microscopes.

5. When numbers *five and above* are nominative or accusative in context, the dependent nouns and adjectives are in the genitive plural.

В кни́ге бы́ло **де́вять** тру́д-н**ых** вопро́с**ов**.	There were nine difficult questions in the book.
Студе́нт написа́л **во́семь** хоро́ш**их** отве́т**ов**.	The student wrote eight good answers.

6. When numerals *two*, *three*, *four*, *five and above* are in any other case (i.e., animate accusative, genitive, dative, instrumental, prepositional), the dependent nouns and adjectives are in the same case as the numeral and in the plural.

Мы спа́ли о́коло восьм**и́** час**о́в**.	We slept about eight hours.
Фи́зик пи́шет письмо́ **двум** сове́тск**им** хи́мик**ам**.	The physicist is writing a letter to two Soviet chemists.
Мы живём ме́жду **двумя́** но́в**ыми** зда́ни**ями**.	We live between two new buildings.

Текст (Text)

Read and translate.

АКАДЕ́МИЯ НАУ́К СССР (II)

Основны́ми о́рганами нау́чно-иссле́довательской рабо́ты Акаде́мии Нау́к явля́ются её иссле́довательские институ́ты. Она́ состои́т из бо́льше чем пятидесяти́ нау́чно-иссле́довательских институ́тов. В ней та́кже име́ются самостоя́тельные лаборато́рии — кру́пные нау́чные учрежде́ния, обсервато́рии, музе́и, ста́нции; в её соста́в вхо́дят та́кже нау́чные о́бщества по ра́зным отрасля́м зна́ния.

Акаде́мия Нау́к име́ет в ра́зных респу́бликах и райо́нах страны́ крýпные филиáлы.¹ Эти филиáлы иногдá преобразýются² в академии наýк отдéльных респýблик, как э́то бы́ло с филиáлами Академии в Грузи́нской ССР, Армя́нской ССР, Узбéкской ССР и др.

Само́ собо́й разумéется, кáждое наýчное отделéние Акадéмии Наýк СССР состои́т из рáзных институ́тов, лаборато́рий, библиотéк и пр.³ Напримéр, отделéние фи́зико-математи́ческих наýк имéет во́семь наýчно-исслéдовательских институ́тов, две самостоя́тельных лаборато́рии, во́семь коми́ссий и комитéтов, два совéта, пятнáдцать библиотéк, двáдцать три* стáнции и одно́ наýчное о́бщество.

Упражнéния (Exercises)

A. *Dictionary practice.*

УРÁЛ

Положéние и о́бщая характери́стика. Урáл занимáет промежу́точное положéние: его́ зáпадная полови́на лежи́т в Еврóпе, восто́чная — в Áзии. Среди́нную часть Урáла занимáют Урáльские го́ры, и по водораздéльному хребтý их прово́дится грани́ца мéжду э́тими двумя́ частя́ми свéта.

Урáл явля́ется промежу́точным не то́лько по своемý положéнию, но и по приро́де. На его́ обши́рной террито́рии сближáются ландшáфты сéвера и ю́га, восто́ка и зáпада. На сéвере Урáла о́чень продолжи́тельные зи́мы с си́льными моро́зами и глубо́кими снегáми; там растýт обши́рные хво́йные лесá. На ю́ге встречáются горя́чее дыхáние сосéдних полупусты́нь Казахстáна и холо́дные зи́мние бурáны. Там нахо́дятся и плодоро́дные стéпи и солончаки́ на восто́ке.

Урáл—о́бласть дрéвних гор срéдней высоты́. Э́то о́бласть громáдных богáтств, глáвным о́бразом металли́ческих: желéза, рéдких метáллов — мéди, зо́лота, плáтины, а тáкже рéдких драгоцéнных камнéй, асбéста, со́ли, кáменного угля́, нéфти. На э́тих богáтствах развилáсь го́рная и металлурги́ческая промы́шленность. Тепéрь э́то о́бласть но́вых гигáнтских заво́дов — металлурги́ческих, машинострои́тельных и хими́ческих; о́бласть, где выплавля́ются миллио́ны тонн чугунá, стро́ятся деся́тки ты́сяч вагóнов и трáкторов.

¹ **филиáл** affiliated branch
² **преобразо́вываться (преобразовáться)** to turn into
³ **и пр. (и про́чее)** and the like
* In *compound numerals*, the last number determines the case of the following noun and adjective.

B. Fill in the blanks with the correct forms of the pronouns and translate.

1. Писа́тель ви́дел _____ (она́) вчера́.
2. Писа́тели ви́дели _____ (мы) вчера́.
3. Вы _____ (он) хорошо́ зна́ете?
4. Био́лог _____ (вы) хорошо́ зна́ет?
5. Фи́зик пое́дет в Ло́ндон без _____ (она́).
6. Фи́зики пое́дут в Москву́ без _____ (мы).
7. Иссле́дователь с _____ (вы) ча́сто говори́л?
8. Иссле́дователи с _____ (он) поговори́ли?
9. Иди́те в лаборатро́рию без _____ (я).
10. Студе́нты пошли́ в лаборато́рию без _____ (вы).
11. Что хи́мик _____ (вы) сказа́л о _____ (он)?
12. Что хи́мики _____ (она́) сказа́ли о _____ (они́)?
13. Да́йте _____ (я) ко́лбу с раство́ром.
14. Они́ да́ли _____ (они́) ко́лбы с раство́рами.
15. Напиши́те _____ (она́), что всё в поря́дке.
16. Они́ написа́ли _____ (мы), что всё в поря́дке.
17. Профе́ссор _____ (я) встре́тил сего́дня и ничего́ не сказа́л _____ (я).
18. Профе́ссор _____ (мы) встре́тит за́втра, но ничего́ не ска́жет _____ (мы).
19. Жена́ специали́ста пошла́ с _____ (вы) в теа́тр?
20. Они́ не пойду́т с _____ (она́) в теа́тр.
21. Кто к _____ (она́) пришёл?
22. Кто к _____ (они́) придёт?
23. Э́тот специали́ст не хо́чет рабо́тать со _____ (я).
24. Био́логи жи́ли о́коло _____ (он).
25. Иди́те к _____ (он) и да́йте* _____ (он) э́то.
26. Они́ пошли́ к _____ (они́) и да́ли _____ (они́) пи́сьма.
27. Студе́нт не обраща́ет внима́ния на _____ (она́).
28. Студе́нты не обраща́ли внима́ния на _____ (мы).
29. Как он отно́сится к _____ (она́)?
30. Как она́ относи́лась к _____ (они́)?
31. Что дире́ктор сказа́л отцу́ о _____ (мы)?
32. Что дире́кторы ска́жут отцу́ обо _____ (я)?
33. Изобрета́тель там. Иди́те к _____ (он) и скажи́те _____ (он), что раство́р уже́ в ко́лбе.
34. Америка́нец э́то узна́л от _____ (она́)?
35. Нет, он э́то узнал от _____ (они́).

* Да́йте is an irregular imperative from the perfective дать; the imperfective imperative, from дава́ть, is also irregular: дава́йте.

36. Сде́лайте э́то с _____ (мы).

37. Не де́лайте э́того для _____ (они́).

C. Fill in the blanks with the appropriate form of the interrogative pronoun and translate:

1. С _____ (кто) вы говори́те? 2. О _____ (что) ду́мает изобрета́тель? 3. О́коло _____ (кто) стои́т био́лог? 4. _____ (что) объясня́ется э́то явле́ние? 5. _____ (кто) дире́ктор посла́л за до́ктором? 6. О _____ (кто) ду́мает молодо́й хи́мик? 7. От _____ (что) зави́сит результа́т о́пыта? 8. _____ (кто) профе́ссор дока́зывает тео́рию?

Десятый Урок

TENTH LESSON

Слова́рь (Vocabulary)

бе́лый	white	мой, моя́, моё,	my, mine
бли́зкий	close	мой	
бог	a god	наро́дный	popular, national
боро́ться	to struggle	наш, на́ша,	our, ours
(поборо́ться)		на́ше, на́ши	
борьба́	battle, conflict,	не́жели	than
	fight, struggle	нера́вный	unequal
ваш, ва́ша,	your, yours	ни́зкий	low
ва́ше, ва́ши		ну́жный	necessary
весь, вся, всё,	all, the whole	побе́да	victory
все		получа́ть	to receive, to
вид	form, kind,	(получи́ть)	obtain, to get
	species, appear-	превраща́ться	to be transformed
	ance, view	(преврати́ться)	
возника́ть (возни́кнуть; *past:*		приходи́ться	to have to
возни́к, возни́кла) to arise		(прийти́сь)	
высо́кий	high	свой, своя́,	my, his, her, its,
далёкий	distant	своё, свой	our, your, their
деся́тый	tenth	смысл	meaning, sense
дре́вний	ancient	совсе́м	quite, entirely
е́сли	if	созна́тельный	conscious
ино́й	other, different	судьба́	fate
их	their	у (+ *gen.*)	by, at, near
лёгкий	light, easy	утра́чивать	to lose
ли́чный	personal	(утра́тить)	
ме́сяц	month, moon		

Associated Words

безвы́ходный	desperate	первонача́льный	original, primary
впосле́дствии	(*adv.*) later on	положе́ние	position, situation
де́ло	matter, thing,	представле́ние	performance,
	affair		representation

75

назва́ние	name	произведе́ние	production, pro-
опи́сывать	to describe		duct (*math.*),
описа́ть			work
о́бщий	common, public	раскрыва́ть	to uncover, to
отдава́ть (отда́ть)	to give up	(раскры́ть)	unveil

Loan Words

актри́са	actress	проце́сс	process
геро́й	hero	театра́льный	theatrical
Гре́ция	Greece	тео́рия	theory
до́ктор	doctor	траге́дия	tragedy
дра́ма	drama	хара́ктер	character
драмати́ческий	dramatic	Финля́ндия	Finland
математика	mathematics		

Expressions for Memorization

во вре́мя (+ *gen.*)	during
таки́м о́бразом	thus, in this way
име́ть де́ло с (+ *instr.*)	to deal with
ввиду́ (+ *gen.*)*	in view of
в дальне́йшем	further, in what follows
в отли́чие от (+ *gen.*)	in distinction from, as opposed to

Во вре́мя би́твы под Сталингра́дом ру́сские ча́сто находи́лись в безвы́ходном положе́нии. **Таки́м о́бразом** на́до бы́ло боро́ться до конца́.
During the battle of Stalingrad the Russians were often in a desperate position. Thus it was necessary to fight to the finish.

В э́той кни́ге мы бу́дем **име́ть де́ло с** пробле́мами совреме́нного о́бщества.
In this book we will deal with problems of contemporary society.

Прави́тельство при́няло э́то реше́ние **ввиду́** тру́дного положе́ния в По́льше.
The government took this decision in view of the difficult situation in Poland.

В дальне́йшем сле́дует по́мнить, что когда́ мы говори́м об о́бществе, мы име́ем в виду́ сове́тское о́бщество.
It is necessary to remember in what follows that when we are speaking about society, we have Soviet society in mind.

В отли́чие от америка́нских профессоро́в, все сове́тские учёные хорошо́ зна́ют произведе́ния Ма́ркса и Ле́нина.
In distinction from American professors, all Soviet scholars know the works of Marx and Lenin well.

Грамма́тика (Grammar)

10-A. Impersonal Constructions

1. Note that in these common impersonal constructions the English subject appears in the dative in Russian.

* Do not confuse with **в виду́**, which means *in view, in mind.* See Appendix B for masculine nouns with irregular locative in -**у́** and -**ю́**.

Dative Impersonal

мне	хо́чется	(*plus infinitive*)	I should like to . . .
ему́	ка́жется, что		It seems to me that . . .
ей	мо́жно	(*plus infinitive*)	I can (may) . . .
нам	на́до	(*plus infinitive*)	I have to . . .
вам	ну́жно	(*plus infinitive*)	I have to . . .
им	прихо́дится	(*plus infinitive*)	I have to . . .
кому́	нельзя́	(*plus infinitive*)	I cannot, I am forbidden to . . .
отцу́	хо́лодно		I am cold . . .
жене́			

Examples:

Нам хо́чется поговори́ть с ва́ми.	We should like to speak to you.
Мне ка́жется, что э́то ну́жно.	It seems to me that this is necessary.
Нам прихо́дится дока́зывать втору́ю тео́рию.	We have to prove the second theory.
Им нельзя́ произвести́ о́пыт сего́дня.	They cannot carry out the experiment today.

Past Dative Impersonal

In the past tense the verb is neuter.

мне	хоте́лось	I wanted to . . .
ему́	каза́лось, что	It seemed to me that . . .
ей	мо́жно бы́ло	I could . . .
нам	на́до бы́ло	I had to . . .
вам	ну́жно бы́ло	I had to . . .
им	приходи́лось	I had to . . .
кому́	нельзя́ бы́ло	I couldn't, I was forbidden to . . .
отцу́	бы́ло хо́лодно	I was cold
жене́		

2. **Приходи́ться** and its perfective form **прийти́сь** are very often encountered in expository prose. The reader should learn to recognize the various possible forms of this construction.

В дальне́йшем **нам придётся** име́ть де́ло с други́ми теоре́мами.	Further we shall have to deal with other theorems.
Профе́ссору пришло́сь по́мнить соста́в ра́зных раство́ров.	The professor had to remember the composition of the various solutions.

10-B. Short, or Predicate, Form of Adjectives

This form is widely used in the predicate. It occurs only in the *nominative case*.

1. *Formation of the short form of adjectives.*

   a. The short form is derived from the attributive form by removing **-ый**, **-ий**, or **-ой** from the masculine, **-я** from the feminine, **-е** from the neuter, and **-е** from the plural.

	LONG	SHORT
m. sing.	бе́л**ый**	бел
f. sing.	бе́ла**я**	бела́
n. sing.	бе́ло**е**	бело́
m., f., n., pl.	бе́лы**е**	белы́

b. In some masculine forms an **-o-** or **-e-** is inserted between the final two consonants:

LONG	SHORT	
тру́д**ный**	тру́ден	(*f.* тру́дна, *n.* -о, *pl.* -ы)
лёг**кий**	лёгок	(*f.* легка́, *n.* -о, *pl.* -и)

2. Use of the short forms may be illustrated by the following examples:

Э́тот о́пыт о́чень тру́ден. — This experiment is very difficult.

Э́тот ме́тод лёгок. — This method is easy.

Э́тот журна́л интере́сен, а э́та кни́га не интере́сна. — This magazine is interesting, but this book is not interesting.

3. A very common construction involves the short form of the adjective **ну́жный** (*necessary*). The short forms are **ну́жен, нужна́, ну́жно, нужны́.**

Мне нужна́ чи́стая ко́лба. — I need a clean flask.

Нам ну́жен но́вый микроско́п. — We need a new microscope.

Иссле́дователю нужны́ бы́ли больши́е ко́лбы. — The researcher needed large flasks.

Note: The subject of the English sentence must be in the dative in this Russian construction. The number and gender of the thing needed determines the form of **ну́жный.**

10-C. Comparative Degree of Adjectives

1. The *attributive comparative* is formed by using the normal *attributive* form after **бо́лее** (*more*) or **ме́нее** (*less*). Only the attributive form is declined.

	ADJECTIVE	COMPARATIVE ADJECTIVE
m.	но́вый	бо́лее но́вый
f.	но́вая	бо́лее но́вая
n.	но́вое	бо́лее но́вое
m., f., n., pl.	но́вые	бо́лее но́вые

Специали́ст име́ет бо́лее но́вую лаборато́рию, чем до́ктор.

The specialist has a newer laboratory than the doctor.

2. Certain common adjectives have a special comparative form.

большо́й	big	бо́льший	bigger
ма́ленький	small	ме́ньший	smaller
хоро́ший	good	лу́чший	better
плохо́й	bad	ху́дший	worse

Он хо́чет жить **в ме́ньшем** го́роде.

He wants to live in a smaller town.

В э́тих о́пытах мы по́льзуемся **лу́чшими** ме́тодами.

We use better methods in these experiments.

3. The *predicative comparative form* is the same for all numbers and genders. It is formed from the *adjective stem* plus **-ее** or **-ей**.

Матема́тика **трудне́е**, чем филосо́фия.

Mathematics is more difficult than philosophy.

4. Note some special forms for predicative comparatives.

ре́дкий	rare	ре́же	rarer
дорого́й	dear	доро́же	dearer, more expensive
молодо́й	young	моло́же	younger
бли́зкий	close	бли́же	closer
далёкий	distant	да́льше	farther
ста́рый	old	ста́рше	older
плохо́й	bad	ху́же	worse
высо́кий	high	вы́ше	higher
ни́зкий	low	ни́же	lower
лёгкий	light, easy	ле́гче	lighter, easier
хоро́ший	good	лу́чше	better

| Муж **ста́рше**, чем жена́. | The husband is older than his wife. |
| Ра́дий **доро́же**, чем ка́лий. | Radium is more dear than potassium. |

5. **Не́жели** may be used instead of **чем**.

| Стол вы́ше, **чем** пол. | The table is higher *than* the floor. |
| Стол вы́ше, **не́жели** пол. | |

6. In sentences containing comparison, *than* may be translated by **чем** or **не́жели** or by the *use of the genitive case alone.*★

Он моло́же, **чем жена́**.	He is younger *than his wife.*
Он моло́же жен**ы**.	
Ра́дий **ре́же** ка́ли**я**.	Radium is rarer *than potassium.*

10-D. Comparative Degree of Adverbs

1. The *comparative adverb* is formed in the *same* way as the *predicative comparative adjective*; thus, the two forms coincide.

| Он рабо́тает **ме́дленнее**, чем я. | He works more slowly than I. |
| Мы э́то сде́лали **лу́чше**, чем они́. | We did this better than they. |

2. Some adverbs in **-о** may make comparatives using **бо́лее**.

| Он пи́шет **бо́лее инте- ре́сно**, чем она́. | He writes more interestingly than she does. |

10-E. Весь, вся, всё, все: *all, the whole*

1. These are declined as follows:

Case	m.	f.	n.	all genders
		SINGULAR		PLURAL
nom.	весь	вся	всё	все (declined like те)
gen.	всего́	всей	всего́	всех
dat.	всему́	всей	всему́	всем
acc.	весь *or* всего́	всю (!)	всё	все *or* всех
instr.	всем (!)	всей	всем (!)	все́ми
prep.	о всём	о всей	о всём	о всех

★ **Чем** (**не́жели**) must be used (*a*) following the attributive comparative (*b*) if the things compared are not nouns or pronouns (*c*) when ambiguity would otherwise result.

| Положим, что нельзя́ вос-по́льзоваться **всем** раство́ром. | Let us suppose that it is impossible to use all the solution. |
| А́втор хоте́л ви́деть **всю** траге́дию. | The author wanted to see the whole tragedy. |

2. Note some *accusative* expressions of time involving **весь**.

весь день	all day	всю неде́лю	all week
всё у́тро	all morning	весь ме́сяц	all month
весь ве́чер	all evening	весь год	all year
всю ночь	all night		

3. Note that the plural form **все** means *everybody*, which in English is followed by the verb in the third person *singular*. In Russian it is followed by the verb in the third person *plural*.

| **Все** его́ **зна́ют**. | *Everybody knows* him. |
| **Все хотя́т** стать знамени́тыми. | *Everyone wants* to become famous. |

10-F. Possessive Pronouns and Adjectives

1. **Мой, моя́, моё, мои́**: *my, mine.*

| | SINGULAR | | | PLURAL |
Case	*m.*	*f.*	*n.*	*all genders*
nom.	мой	моя́	моё	мои́
gen.	моего́	мое́й	моего́	мои́х
dat.	моему́	мое́й	моему́	мои́м
acc.	мой *or* моего́	мою́	моё	мои́ *or* мои́х
instr.	мои́м	мое́й (мое́ю)	мои́м	мои́ми
prep.	моём	мое́й	моём	мои́х

| Я не ве́рю результа́там **моего́** о́пыта. | I don't trust the results *of my* experiment. |

Note the predicative use of **мой**, etc.

| Э́та бе́лая кни́га — **моя́**. | This white book *is mine*. |
| Все э́ти тео́рии — **мои́**. | All these theories *are mine*. |

2. **Твой, твоя́, твоё, твои́**: *thy, thine.* These are declined like **мой** and are used similarly.

3. **Его́**, *his, its*; **её**, *her*; **их**, *their*, are *indeclinable and invariable*.

| **Его́** рабо́та совсе́м не интере́сна. | *His* work is not at all interesting. |

Нам не нужны **его** теории.	We don't need *his* theories.	
Я ничего не знал о **её** опытах.	I knew nothing about *her* experiments.	
Мы берём **их** места.	We are taking *their* places.	

4. **Наш, наша, наше, наши**: *our, ours*, and **ваш, ваша, ваше, ваши**: *your, yours*, are declined as are **мой** and **твой**.

	SINGULAR			PLURAL
Case	*m.*	*f.*	*n.*	*all genders*
nom.	наш	наша	наше	наши
gen.	нашего	нашей	нашего	наших
dat.	нашему	нашей	нашему	нашим
acc.	наш *or* нашего	нашу	наше	наши *or* наших
instr.	нашим	нашей	нашим	нашими
prep.	нашем	нашей	нашем	наших

5. **Свой, своя, своё, свой**: *my, thy, his, her, its, our, your, their, one's own*. These are declined like **мой**. A form of **свой** may be used in place of *any* of the other possessives *when it refers to the subject of the clause*:

Я нашёл **мой** микроскоп. ⎫	I found *my* microscope.
Я нашёл **свой** микроскоп. ⎭	

Note, however, that for the third person, **свой** or one of its forms *must* be used if the thing possessed belongs to the *subject* of the sentence or the clause.

Он говорит о **своём** отце.	He is speaking about *his* (*own*) father.
Он говорит о **его** отце.	He is speaking about *his* father (i.e., about the father of someone else).

Note the difference:

Они пишут книгу **о своём** опыте.	They are writing a book *about their* (**own**) experiment.
Они пишут книгу **об их** опыте.	They are writing a book *about their* (**others'**) experiment.

In the following example, however, **его** may be employed, because **автор**, being in the dative case, is *not* the subject of the Russian sentence.

Автору часто приходится говорить **о его** книгах.	An author often has to speak *about his* books.

10-G. У + Genitive, for Possession

1. This construction is often used to indicate possession. (In spoken Russian it is much more common than constructions with **иметь**.)

У доктор**а** новая лаборатория.	*The doctor has* a new laboratory (*lit. by the doctor* is a new lab).
У меня новое издание книги.	*I have* a new edition of the book.

2. Since the thing possessed in the English sentence is the *subject* of the verb *to be* in the Russian sentence, the *past* and the *future* verb forms must agree with this subject.

У доктора **была новая лаборатория**.	The doctor *had a new laboratory*.
У доктора **будет новая лаборатория**.	The doctor *will have a new laboratory*.
У студента **были новые книги**.	The student *had* new books.
У студента **будут новые книги**.	The student *will have* new books.

In the present tense the verb **есть** (*to be*) is often omitted, but appears in questions and in statements when the fact of possession is stressed.

У вас есть новое издание этой книги?	*Do you have* a new edition of this book?
У них уже **есть** микроскоп.	*They* already *have* a microscope.

3. In the negative **у** *plus genitive* follows the rules that govern the use of **нет**. (Refer to ¶ 7-E.)

У него **нет** друг**ой** колб**ы**.	He doesn't have another flask.
У специалиста **не было** нов**ого** микроскоп**а**.	The specialist didn't have a new microscope.
У неё **не будет** стар**ых** книг.	She won't have (any) old books.

10-H. У + Genitive, Meaning other than Possession

The reader will often encounter constructions involving **у** plus *genitive* which do not imply possession.

1. The preposition **y** may mean:

a. next to, near, at, by,

Стол стои́т **у две́ри**.	The table is standing *at the door*.

b. This construction has acquired the same meaning as the French *chez*: *at the house of, among, in the country of, in*:

Вы бу́дете **у нас** сего́дня ве́чером?	Will you be *at our house* this evening?
Он живёт **у меня́**.	He lives *at my house*.
В за́падных стра́нах траге́дия име́ет ино́й смысл, чем **у нас**.	Tragedy in western countries has a different meaning than *in our country*.
Драмати́ческий элеме́нт **у Го́голя** о́чень ва́жен.	The dramatic element *in Gogol* (meaning *in Gogol's works*) is very important.

10-I. Use of и for Emphasis

1. In addition to its usual meaning of *and*, **и** may be used for emphasis. In such cases it may be translated as *even* or *too*, or may not be translated at all.

Она́ **и** э́того не зна́ет!	She doesn't know (*even*) that!

Текст (Text)

Read and translate.

Траге́дия (гр. *tragoidia*) — оди́н из ви́дов драмати́ческих произведе́ний. В ней хара́ктер геро́я раскрыва́ется в безвы́ходном положе́нии, в нера́вной борьбе́. Траге́дия — оди́н из дре́вних ви́дов дра́мы. Она́ возни́кла в дре́вней Гре́ции и назва́ние своё получи́ла от наро́дного представле́ния во вре́мя пра́зднеств[1] в честь[2] бо́га Диони́са. В же́ртву[3] ему́ приноси́ли козла́[4] (козёл по-гре́чески tragos). Траге́дия утра́тила свой первонача́льный хара́ктер и впосле́дствии ста́ла самостоя́тельным ви́дом театра́льного зре́лища.[5]

Траге́дия в сове́тской литерату́ре, в отли́чие от дре́вних

[1] **пра́зднество** festival
[2] **в честь** in honor of
[3] **же́ртва** sacrifice
[4] **козёл** goat
[5] **зре́лище** spectacle, show

трагéдий, имéет совсéм инóй, жизнеутверждáющий[6] смысл: герóй такóй трагéдии бóрется не за свою́ ли́чную судьбу́, а за óбщее нарóдное дéло и, éсли э́то ну́жно, сознáтельно отдаёт свою́ жизнь во и́мя[7] егó побéды. Ги́бель[8] герóя, таки́м óбразом, превращáется в егó духóвное[9] торжествó.[10]

— *Short Dictionary of Literary Terms* (Moscow, 1952)

Упражнéния (Exercises)

A. *Dictionary practice*

1. Áтомы крáйне малы́. Их нельзя́ уви́деть дáже в сáмый си́льный* микроскóп. На ли́нии в 1 сантимéтр помещáется 100 миллиóнов áтомов. Вес áтома ничтóжно мал. Напримéр, вес áтома водорóда рáвен 0,000 000 000 000 000 000 000 001 7 грáмма.

Áтомы разли́чных элемéнтов отличáются друг от дру́га. Напримéр, áтомы желéза примéрно в 56 раз, а áтомы свинцá в 207 раз тяжелéе áтомов водорóда. В результáте неодинáкового строéния рáзные áтомы обладáют† разли́чными свóйствами. Поэ́тому поня́тно, что и вещества́, пострóенные‡ из рáзных áтомов, отличáются по свóйствам друг от дру́га.

2. **Фотографи́ческие наблюдéния иску́сственных спу́тников.** Бóлее тóчные и надёжные дáнные получáются при фотографи́ческих наблюдéниях спу́тников. Крóме тогó, фотографи́ческие наблюдéния дáже лéгче провести́, чем визуáльные. К сожалéнию, они́ возмóжны далекó не всегдá, так как фотографи́ровать мóжно тóлько я́ркие спу́тники (таки́е, как вторóй и́ли трéтий совéтские спу́тники) на достáточно тёмном фóне нéба.

B. Substitute one of the indicated *predicative comparatives* into the blank and translate.

рéже, лéгче, дорóже, стáрше, бли́же, вы́ше, дáльше

1. Нью Йорк _____, чем Ленингрáд. 2. Рáдий _____ кáлия. 3. Пéрвый урóк _____, чем девя́тый. 4. Стол _____, чем пол. 5. Нóвый самолёт _____, чем стáрый автомоби́ль. 6. Пóльша

---

[6] **жизнеутверждáющий** life-affirming
[7] **во и́мя** in the name (of)
[8] **ги́бель** downfall
[9] **духóвный** spiritual
[10] **торжествó** triumph
* **сáмый си́льный** most powerful.
† **обладáть** takes the instrumental. See Appendix F, c.
‡ **пострóенные** constructed.

_____, чем СССР.   7. Звёзды _____, нéжели мéсяц.   8. Москвá _____ от Нью Йóрка, чем Парúж.

C. Put the words in parentheses into the correct form and translate.

1. Этот раствóр состоúт из (нáтрий и водá).   2. Зимóй (я) чáсто хóлодно.   3. (Мы) слéдует найтú решéние (уравнéние).   4. В дальнéйшем мы бýдем имéть дéло со (все эти смéси).   5. Студéнт стал (знаменúтый фúзик).   6. Этот микроскóп принадлежúт не (вы), а (я).   7. Нет (лёгкое решéние) э́той проблéме.   8. Молодь́е студéнтки не лю́бят (францýзские ромáны).   9. Муж был под (влия́ние) жень́, а женá былá под влия́нием Бог знáет (что).   10. У (извéстные исслéдователи) хорóшая лаборатóрия.   11. (Все профессорá) нýжно читáть послéдние извéстия.   12. Он не имéет (влия́ние) на решéние (дирéктор).   13. (Мы) казáлось, что решéние (пéрвая проблéма) лéгче (решéние) вторóй.   14. Мне пришлóсь прочитáть все (егó ромáны) для тогó, чтóбы поня́ть егó (теóрия) (óбщество).   15. Нáтрий вхóдит в (состáв) сóли.   16. Он говорúл о двух (вид) стеклá.

D. Find the group of words in column *b* which makes a correct sentence when added to each group of words in column *a*, and translate.

a	*b*
1. Вы читáли все	7. возникла трагéдия?
2. Эта кнúга опúсывает	8. знаменúтой актрúсой.
3. «Гáмлет» — однó из	9. знаменúтой актрúсе.
4. В какóй странé	10. произведéния Шекспúра.
5. Автор напúшет кнúгу о	11. нерáвную борьбý мéжду СССР и Финля́ндией.
6. Впослéдствии онá стáла	12. произведéний Шекспúра.

Одиннадцатый Урок

ELEVENTH LESSON

Словарь (Vocabulary)

власть (*f.*)	power, authority	подлинный	real, authentic
война	war	провозгла-	proclamation
глава	head, chapter	шение	
гражданин	citizen	различие	distinction,
действительный	real		difference
закон	law	различный	various
исчезать	to disappear	свобода	freedom, liberty
(исчезнуть)		сколько	how much, how
который	which, who		many
лицо	person, face	строй	order, regime
мало	little, few	существовать	to exist
мощный	mighty	так	so, so much, thus
несколько	several, some	только	only
обеспечивать	to secure, to	устранять	to eliminate, to
(обеспечить)	guarantee	(устранить)	remove
определение	definition	участие	participation
осуществляться (осуществить-ся) to be achieved, to be realized			

Associated Words

большинство	majority	представитель-	representative
возможный	possible	ный	(*adj.*)
впервые	(*adv.*) for the first time	прикрывать (прикрыть)	to cover, to screen
вывод	conclusion, deduction	рабочий	working *adj.*; worker (*noun*)
государствен-	state (*adj.*)		
ный		равноправие	equality
единственный	sole, only	руководство	direction
единство	unity	соответство- вать	to correspond

87

еди́ный	sole, one	труди́ться	to toil, to work
могу́щество	power, might	(потруди́ться)	
наро́д	people, nation	управле́ние	administration
незави́симый	independent	челове́чество	mankind
прави́тельство	government		

Loan Words

а́втор	author	конститу́ция	constitution
акти́вный	active	ма́сса	mass
буржуази́я	bourgeoisie	мора́льный	moral
буржуа́зный	bourgeois	на́ция	nation
газе́та	newspaper	парла́мент	parliament
демократи́-ческий	democratic	па́ртия	party
		полити́ческий	political
демокра́тия	democracy	ра́са	race
депута́т	deputy	социали́зм	socialism
диктату́ра	dictatorship	социалисти́-ческий	socialistic
империалисти́-ческий	imperialistic		
		фаши́стский	fascistic
капитали́ст	capitalist	экономи́-ческий	economic
капиталисти́-ческий	capitalistic		

Expressions for Memorization

на де́ле	in actual practice, in actual fact, actually
принима́ть уча́стие в (+ prep.)	to take part in, to participate in
по слова́м	according to
речь идёт о (+ prep.)	the question concerns
уже́ не	no longer
ещё не	not yet

На де́ле наро́д не **принима́ет уча́стия в** управле́нии страно́й.
Actually the people does not participate in administering the country.

По слова́м студе́нтов, э́то о́чень тру́дный уро́к.
According to the students, it is a very difficult lesson.

Здесь **речь идёт** не **о** демокра́тии, а **о** социали́зме.
Here the question does not concern democracy but socialism.

Он **уже́ не** рабо́тает в э́той лаборато́рии.
He no longer works in this laboratory.

Вы **ещё не** объясни́ли э́того аппара́та.
You have not yet explained this apparatus.

Грамма́тика (Grammar)

11-A. The Relative Pronoun "кото́рый": *which, who*

1. **Кото́рый** is declined as an adjective.

Case	SINGULAR m.	f.	n.	PLURAL all genders
nom.	кото́рый	кото́рая	кото́рое	кото́рые
gen.	кото́рого	кото́рой	кото́рого	кото́рых
dat.	кото́рому	кото́рой	кото́рому	кото́рым
acc.	кото́рый (-ого)	кото́рую	кото́рое	кото́рые (-ых)
instr.	кото́рым	кото́рой	кото́рым	кото́рыми
prep.	кото́ром	кото́рой	кото́ром	кото́рых

2. Its *number* and *gender* must agree with the antecedent to which it refers; its *case* is determined by its role in the relative clause.

Никто́ не понима́л траге́дии, кото́рую он написа́л в э́том году́.

No one understood the tragedy, which he wrote this year.

Here the relative pronoun is feminine singular, because its antecedent is **траге́дия**; it is in the accusative case because it is the direct object of the verb **написа́ть**.

Study the following examples:

Элеме́нт, **кото́рый** откры́л Кюри́, называ́ется ра́дий.

The element, which Curie discovered, is called radium.

Пробле́ма, **к кото́рой** э́тот вопро́с отно́сится, не трудна́.

The problem, to which this question relates, is not difficult.

Би́тва, **о кото́рой** мы говори́ли, име́ла ме́сто под Ленингра́дом.

The battle, about which we were speaking, took place near Leningrad.

Профе́ссор, **кото́рому** все студе́нты ве́рят, — ре́дкое явле́ние.

The professor whom all students believe is a rare phenomenon.

Note the use of **кото́рый** as an *interrogative adjective* in the following expressions:

Кото́рый тепе́рь час?

What time is it?

В кото́ром часу́ закрыва́ют лаборато́рию?

At what time do they close the laboratory?

11-B. The Present Active Participle

1. This *verbal adjective* is formed by dropping the **-т** from the third person plural of the present tense* and adding **-щий** for the masculine, **-щая** for the feminine, **-щее** for the neuter, and **-щие** for the plural.

INFINITIVE	THIRD PERSON PLURAL	STEM	PRESENT ACTIVE PARTICIPLE (*m.*)
возникать	возника́ю**т**	возника́ю-	возника́ю**щий**
говори́ть	говоря́**т**	говоря́-	говоря́**щий**
лежа́ть	лежа́**т**	лежа́-	лежа́**щий**
де́лать	де́лаю**т**	де́лаю-	де́лаю**щий**
обознача́ть	обознача́ю**т**	обознача́ю-	обознача́ю**щий**
существова́ть	существу́ю**т**	существу́ю-	существу́ю**щий**

2. *Reflexive verbs* form the present active participle in exactly the same way, except that **-ся** is suffixed. The **-ся** suffix is unchangeable, for all forms and cases.

INFINITIVE	THIRD PERSON PLURAL	STEM	PRESENT PARTICIPLE
превраща́ться	превраща́ю**тся**	превраща́ю-	превраща́ю**щийся**
встреча́ться	встреча́ю**тся**	встреча́ю-	встреча́ю**щийся**

3. *Use of the present active participle.* This form often appears in written Russian. Its function is similar to that of **кото́рый** in relative clauses where **кото́рый** is the subject. Present active participles, since they are adjectives in form, must agree in *number*, *gender*, and *case* with their antecedents.

Здесь нет студе́нтов, **гово-** **ря́щих** по-ру́сски.	There are no students here *who speak* Russian.

In this example the present active participle is *genitive plural* in order to agree with **студе́нтов**, which is also in the *genitive plural*.

Он критикова́л оши́бку, **встреча́ющуюся** в кни́гах молодо́го писа́теля.	He criticized the error *encountered* in the books of the young writer.

In this example the participial form must be feminine accusative singular in order to agree with **оши́бку**.

* Since only imperfective verbs can be in the present tense, the present active participle can be derived from imperfective verbs only.

The reader should be prepared to expect examples of the use of this participle also in clauses which *precede* the word modified.

Встреча́ющиеся в други́х кни́гах по э́тому вопро́су вы́воды не соотве́тствуют вы́водам э́того а́втора.	The conclusions *encountered* in other books on this question do not correspond to the conclusions of this author.

11-C. The Superlative Degree of Adjectives and Adverbs

1. The *superlative degree of attributive adjectives* is formed by placing the word **са́мый** (*the most*) before the adjective. As **са́мый** is itself an adjective, it must also agree in *number, gender,* and *case* with the *noun* modified.

ADJECTIVE	SUPERLATIVE FORM
интере́сный	са́мый интере́сный
изве́стный	са́мый изве́стный
высо́кий	са́мый высо́кий

Э́ти хи́мики рабо́тают **в са́мом изве́стном институ́те** страны́.	These chemists work in the country's most famous institute.
Две его́ после́дние кни́ги **са́мые интере́сные**.	His last two books are the most interesting.

2. The reader will also encounter *simple superlatives*, which are formed by adding the suffix **-ейший** to the regular adjectival stem. When **г, к,** and **х** are the final consonants of the stem, they change to **ж, ч, ш** and **-айший** is added.

ADJECTIVE	SIMPLE SUPERLATIVE
но́вый	нове́йший
интере́сный	интере́снейший
высо́кий	высоча́йший

Superlatives formed in this manner *do not* necessarily imply comparison; superlatives formed with **са́мый** *do* imply comparison.

Сего́дня мы получи́ли **интере́снейшее** письмо́.	Today we received *a most interesting* letter.

3. There is also a *predicate superlative,* which consists of the *predicate form of the comparative* adjective followed immediately by **всего́**:

Э́та фо́рмула **сложне́е всего́**.	This formula is the most complicated.

4. The *superlative adverb* is formed by placing **всего́** after the *comparative adverb*:

Он э́то де́лает **лу́чше всего́.**   He does this *best.*

Note: **пре́жде всего́** means *first of all, above all.*

Пре́жде всего́ нам на́до принима́ть акти́вное уча́стие в борьбе́ за демокра́тию.	*First of all* we must take an active part in the struggle for democracy.

11-D. Pronouns, Adjectives, and Adverbs of Quantity

1. **Мно́го**   much, many
   Немно́го (немно́жко)   a few, some
   Ма́ло   little, few
   Ско́лько   how much, how many, as much, as far as
   Не́сколько   some, a few, several

a. When these are used as pronouns of quantity, dependent nouns must be in the genitive.

Он зна́ет **мно́го** ру́сских слов.	He knows *many* Russian words.
Она́ вы́пила **немно́го** воды́.	She drank *some* water.
В э́той кни́ге **ма́ло** уравне́ний.	There are *few* equations in this book.
Ско́лько у вас книг в библиоте́ке?	*How many* books do you have in your library?
Молодо́й фи́зик сде́лал **не́сколько** оши́бок.	The young physicist made *several* errors.

b. Used adverbially:

Как она́ **ма́ло** жила́! Как она́ **мно́го** люби́ла!	How *little* she lived! How *much* she loved!
Ско́лько я зна́ю, он уезжа́ет за́втра.	*As far as* I know, he will leave tomorrow.

2. **Мно́гий**

a. The neuter form **мно́гое** (which is declinable) is used as a noun meaning "much."

Во **мно́гом** моё положе́ние тру́дно.	In *many ways* my position is difficult.

b. The *plural* form **мно́гие** (which is declinable) is used as a *noun* meaning "many people" and as an *adjective* meaning "many."

Я здесь зна́ю **мно́гих**.	I know *many* (people) here.
Мно́гие так ду́мают.	*Many* think so.
У **мно́гих** на́ших профес-со́ров но́вые автомоби́ли.	*Many* of our professors have new automobiles.

3. Немно́гий

a. The *plural* form **немно́гие** (which is declinable) is used as a *noun* meaning "few people" and as an *adjective* meaning "few."

То́лько **у немно́гих** ли́чная свобо́да.	Only a few (people) have personal freedom.
Он произвёл **немно́гие** ва́жные о́пыты.	He conducted few important experiments.

4. Ма́лый

a. In both the singular and plural **ма́лый** (which is declinable) is used as a *noun* meaning "lad" or "young fellow" and as an *adjective* meaning "small." *Short forms* of the adjective are common.

Оне́гин был, по мне́нью мно́гих, учёный **ма́лый**, но педа́нт.	Onegin was, in the opinion of many, a learned lad, but a pedant.
Пальто́ **мало́**.	The coat is small.

5. Не́скольких, не́скольким . . .

a. Used as an *adjective* meaning "several," "a few." The nominative plural form is not used.

Он рассказа́л о би́тве **в не́скольких** слова́х.	He told about the battle in a few words.

Текст (Text)

Read and translate.

ДЕМОКРА́ТИЯ (Сове́тское определе́ние)

Демокра́тия — полити́ческий строй, при кото́ром власть принадлежи́т наро́ду. По́длинная демокра́тия возмо́жна то́лько в сове́тском социалисти́ческом госуда́рстве. Демокра́тия сове́тская, социалисти́ческая — действи́тельная демокра́тия. Вся госуда́рственная власть в СССР принадлежи́т трудя́щимся го́рода и дере́вни в лице́ Сове́тов депута́тов трудя́щихся. Ста́линская[1] Конститу́ция явля́ется еди́нственной в ми́ре по́длинно демократи́ческой Конститу́цией. В СССР впервы́е в исто́рии челове́чества на де́ле осуществля́ется равнопра́вие всех трудя́щихся незави́симо от по́ла, на́ции, ра́сы. Права́ гра́ждан[2] и полити́ческие свобо́ды при сове́тской, социалисти́ческой демокра́тии обеспе́чиваются экономи́ческим могу́ществом страны́ социали́зма, мо́щным аппара́том социалисти́ческого госуда́рства, мора́льно-полити́ческим еди́нством сове́тского наро́да под руково́дством рабо́чего кла́сса во главе́ с[3] коммунисти́ческой па́ртией. Трудя́щиеся ма́ссы го́рода и дере́вни принима́ют акти́вное уча́стие в управле́нии Сове́тским госуда́рством. Наро́д и прави́тельство в СССР еди́ны.

Демокра́тия в буржуа́зных стра́нах:

Демокра́тия буржуа́зная явля́ется диктату́рой буржуази́и. В буржуа́зных стра́нах капитали́сты прикрыва́ют свою́ власть над большинство́м трудя́щихся лицеме́рным[4] провозглаше́нием разли́чных свобо́д и полити́ческих прав. На де́ле э́ти свобо́ды и права́ для трудя́щихся не существу́ют. При буржуа́зной демокра́тии существу́ют представи́тельные о́рганы и парла́менты, но большинство́ наро́да устраня́ется капиталисти́ческими зако́нами от уча́стия в полити́ческой жи́зни. Все и́ли почти́ все газе́ты и журна́лы принадлежа́т капитали́стам. . . . С нача́лом второ́й империалисти́ческой войны́ исчеза́ет разли́чие ме́жду буржуа́зно–демократи́ческими и фаши́стскими госуда́рствами.

— Adapted from Полити́ческий слова́рь*

Упражне́ния (Exercises)

A. *Dictionary practice*

Со́лнце — исто́чник движе́ния и всей жи́зни на Земле́. Но почему́ све́тит само́ Со́лнце? Како́в исто́чник эне́ргии Со́лнца и бессчётного коли́чества звёзд, населя́ющих вселе́нную?

Среди́ э́тих звёзд Со́лнце совсе́м не представля́ется выдаю́щейся звездо́й. В ми́ре звёзд э́то — ка́рлик, «жёлтый ка́рлик», как его́ называ́ют астроно́мы. Диа́метр Со́лнца составля́ет «всего́» 1.391.000 киломе́тров. Вот не́которые приме́ры для

[1] **ста́линский** (*adj.* formed from "Stalin")
[2] **гра́ждан** (*gen. pl.* of **граждани́н**)
[3] **во главе́ с** headed by
[4] **лицеме́рный** hypocritical
* Edited by G. Aleksandrov *et al.* (Moscow, 1940), p. 166.

сравне́ния. Диа́метр кра́сного сверх-гига́нта звезды́ «а́льфа» в созве́здии Геркуле́са превыша́ет диа́метр Со́лнца в 800 раз, составля́я* 1,1 миллиа́рда киломе́тров.

То́чно та́кже изве́стно мно́жество звёзд, свети́мость кото́рых в деся́тки ты́сяч раз превыша́ет свети́мость Со́лнца. Са́мой я́ркой из изве́стных явля́ется звезда́ в созве́здии Золото́й Ры́бы, свети́мость кото́рой превыша́ет со́лнечную в 500.000 раз!

Расчёт приво́дит к изуми́тельным чи́слам. Со́лнце в секу́нду отдаёт 4 миллио́на тонн световы́х луче́й. Это число́ позво́лит сра́зу же определи́ть мо́щность Со́лнца. $4 . 10^6$ тонн составля́ют $4 . 10^{12}$ гра́ммов. А ка́ждый грамм — э́то $25 . 10^6$ кило́ватт-часо́в. Сле́довательно, мо́щность Со́лнца равна́

$$4 . 10^{12} \times 25 . 10^6 = 10^{20}$$ килова́тт-часа́м в секу́нду.

Сто миллиа́рдов миллиа́рдов килова́тт-часо́в в секу́нду!

Что́бы оцени́ть грандио́зность э́того числа́, вспо́мним, что Ку́йбышевская ГЭС — крупне́йшая в ми́ре — бу́дет выраба́тывать 10 миллиа́рдов килова́тт-часо́в в год. Сле́довательно, Ку́йбышевская ГЭС смогла́ бы† вырабо́тать сто́лько эне́ргии, ско́лько Со́лнце отдаёт в секу́нду, лишь за 10 миллиа́рдов лет!

B. Replace the words in parentheses with the correct form of the *present active participle* and translate each sentence.

1. Кто написа́л рома́н, (кото́рый) так (тро́гает) америка́нских чита́телей? 2. Андре́й, (кото́рый умира́л) на по́ле би́твы, не мог говори́ть о жене́, (кото́рая) так (лю́бит) его́. 3. Скажи́те мне, кто э́тот челове́к, (кото́рый) всегда́ (но́сит) си́ний костю́м? 4. Здесь мно́го люде́й,‡ (кото́рые) не (ве́рят) э́тому сообще́нию. 5. Сове́тские фи́зики говоря́т с америка́нскими учёными, (кото́рые понима́ют) по-ру́сски. 6. В ко́лбе, (кото́рая стои́т) пе́ред профе́ссором, нахо́дится бе́лый раство́р. 7. Исто́рик не говори́т о чита́телях, (кото́рые критику́ют) его́ тео́рии.

C. Replace the participles in parentheses with the corresponding forms of **кото́рый** plus *verb* and translate each sentence.

1. Кто пи́шет э́ти рома́ны, так (тро́гающие) америка́нских чита́телей? 2. Рабо́та, (осуществля́ющаяся) при институ́те в э́том году́, о́чень важна́. 3. Кто э́ти студе́нты, всегда́ (нося́щие) си́ний костю́м? 4. Здесь то́лько оди́н челове́к, не (ве́рящий) э́тому сообще́нию. 5. Сове́тские фи́зики говоря́т с америка́нским учёным, (понима́ющим) по-ру́сски. 6. Они́ бегу́т от бо́мбы, (лежа́щей) под столо́м. 7. В ко́лбах, (стоя́щих) пе́ред

---

* **составля́я** composing (from **составля́ть** to compose).
† **смогла́ бы** would be able to.
‡ **люде́й** (*gen. pl.* of **лю́ди** people).

профе́ссором, находи́лись бе́лые раство́ры. 8. Исто́рики не говори́ли о чита́теле, (критику́ющем) их тео́рии.

D. Put correct endings on the words in parentheses and translate each sentence.

1. Этот учёный хорошо́ объясня́ет (са́мая сло́жная математи́ческая тео́рия). 2. Тепе́рь профе́ссор по́льзуется (са́мые интере́сные кни́ги). 3. По слова́м (са́мые у́мные студе́нты), ме́жду (э́ти две тео́рии) больша́я ра́зница. 4. Её оте́ц — до́ктор. Он рабо́тает в (са́мый лу́чший го́спита́ль) в Москве́. 5. Мы стоя́ли пе́ред (са́мое большо́е зда́ние) в го́роде. 6. Он написа́л кни́гу о (са́мая ва́жная би́тва) в исто́рии на́шей страны́. 7. Эти учёные со скептици́змом отно́сятся к (са́мые поле́зные о́пыты). 8. Мы е́хали по (са́мые ста́рые у́лицы) Пари́жа. 9. Ско́лько (ру́сский уро́к) мы уже́ чита́ли? 10. Инжене́р зна́ет не́сколько (но́вый ме́тод). 11. В э́том уро́ке мно́го (совреме́нное сло́во). 12. Мно́го (знамени́тый писа́тель) в Аме́рике?

TWELFTH LESSON

Слова́рь (Vocabulary)

адвока́т	lawyer	рабовладе́лец	slave-owner
выдаю́щийся	prominent	ра́бство	slavery
де́ятель (*m.*)	worker	рожда́ться	to be born
до́лжный	obliged, indebted	(роди́ться)	
доставля́ть	to give, to provide	слу́жащий	employee
(доста́вить)		служи́ть	to serve
занима́ть(ся)	to occupy (oneself)	(послужи́ть)	
[*pf.* заня́ть(ся)]		собы́тие	event
захва́тывать	to seize	сопротивле́ние	resistance
(захвати́ть)		сторо́нник	partisan, supporter
лю́ди (*gen. pl.*	people	США	U.S.A.
люде́й)		сюда́	here (hither)
мяте́ж	rebellion	ука́зывать	to indicate, to
мяте́жник	rebel	(указа́ть)	show
о́ба *m. & n.,*	both	широ́кий	wide, broad
о́бе (*f.*)		ю́жный	southern, south
раб	slave		(*adj.*)

Associated Words

внима́тельный	attentive	освобожде́ние	emancipation
гражда́нский	civil	откры́тый	open
зате́м	subsequently, then	прави́тель-	governmental,
избра́ние	election	ственный	government
изве́стность (*f.*)	fame		(*adj.*)
начина́ть(ся)	to begin	следи́ть	to pursue
[*pf.* нача́ть(ся)]		(проследи́ть)	
ненави́деть	to hate	труд	labor, work
(возненави́деть)			

Loan Words

апре́ль (*m.*)	April	республика́н-	Republican
исто́рик	historian	ский	
кандида́т	candidate	сигна́л	signal
негр	Negro	социа́льный	social
пози́ция	position	форт	fort
почто́вый	postal	штат	state
пра́ктика	practice	юриди́ческий	juridical
президе́нт	president		

Expressions for Memorization

несмотря́ на (+ *acc.*)	in spite of, despite
следи́ть за (+ *instr.*)	to follow, to keep track of, to watch
как . . . так и . . .	both . . . and . . .
т.е. (то есть)	i.e., (that is)
гла́вным о́бразом	chiefly
за счёт (+ *gen.*)	at the expense of

Несмотря́ на созда́ние но́вой акаде́мии нау́к, иссле́довательская рабо́та шла о́чень пло́хо.
Despite the creation of a new academy of sciences, research work progressed (*lit.* went) very poorly.

Хоро́ший профе́ссор **следи́т за** рабо́той всех студе́нтов.
A good professor keeps track of all (his) students' work.

Линко́льн игра́л большу́ю роль **как** в полити́ческой, **так и** в экономи́ческой жи́зни на́шей страны́.
Lincoln played a large role both in the political and the economic life of our country.

Мно́го ва́жных собы́тий име́ло ме́сто при Линко́льне; наприме́р, освобожде́ние рабо́в, **т.е.** не́гров.
Many important events took place in Lincoln's time: for example, the emancipation of the slaves i.e., the Negroes.

Война́ ме́жду шта́тами шла **гла́вным о́бразом за счёт** америка́нского наро́да.
The war between the states went on chiefly at the expense of the American people.

Грамма́тика (Grammar)

12-A. The Past Active Participle

1. This *verbal adjective* is formed by dropping the **-л** from the masculine past tense of an imperfective or perfective verb and adding **-вший** for the masculine, **-вшая** for the feminine, **-вшее** for the neuter, and **-вшие** for the plural.

INFINITIVE	MASCULINE PAST	STEM	PAST ACTIVE PARTICIPLE (*m.*)
написа́ть	написа́л	написа-	написа́**вший**
указа́ть	указа́л	указа-	указа́**вший**
жить	жил	жи-	жи́**вший**

2. *Reflexive verbs* form the past active participle in exactly the same way, except that **-ся** is suffixed. The **-ся** suffix is unchangeable, for all forms and cases.

INFINITIVE	MASCULINE PAST	STEM	PAST ACTIVE PARTICIPLE (*m.*)
находи́ться	находи́лся	находи-	находи́**вшийся**

3. Those verbs which lose the **-л** ending in the masculine past simply take **-ший**, **-шая**, **-шее** and **-шие** to form the past active participle.

INFINITIVE	MASCULINE PAST	PAST ACTIVE PARTICIPLE (*m*).	MEANING
возни́кнуть	возни́к	возни́к**ший**	having arisen
вы́сохнуть	вы́сох	вы́сох**ший**	having dried up
умере́ть	у́мер	умер**ший**	having died

Note the past active participles of the following common verbs:

INFINITIVE	PAST ACTIVE PARTICIPLE (*m.*)	MEANING
вести́	вéд**ший**	having led
идти́	шéд**ший**	having gone

4. *Use of the past active participle.* The function of this form is similar to that of **кото́рый** in relative clauses where **кото́рый** is the subject and the verb is in the past tense. Past active participles, since they are adjectives in form, must agree in *number, gender,* and *case* with their antecedents. Study the following examples:

Челове́к, **написа́вший** э́ту кни́гу — хи́мик.
(This sentence could also be written: Челове́к, **кото́рый написа́л** э́ту кни́гу — хи́мик.)

The man *who wrote* this book is a chemist.

Бо́лее ста учёных, **жи́вших** в Ленингра́де, тепе́рь рабо́тают при институ́тах в ю́жной Росси́и.

More than one hundred scientists *who used to live* in Leningrad now work in institutes in southern Russia.

Исто́рики, **встре́ти́вшиеся** четы́ре го́да тому́ наза́д в Москве́, не ви́дели но́вого университе́та.	The historians *who met* four years ago in Moscow did not see the new university.
Президе́нт говори́л со студе́нтами, **учи́вшимися** с его́ сы́ном.	The president spoke with the students *who had studied* with his son.
Траге́дия, **возни́кшая** в дре́вней Гре́ции, впосле́дствии утра́тила свой первонача́льный религио́зный хара́ктер.	Tragedy, *which arose* in ancient Greece, subsequently lost its original religious character.

12-B. Additional Notes on Cardinal Numeral Declensions

1. Numerals from *1,000* to *1,000,000,000,000*.

1,000.	thousand	ты́ся**ча**
2,000.	two thousand	две ты́ся**чи**
5,000.	five thousand	пять ты́ся**ч**
1,000,000.	million	миллио́**н**
2,000,000.	two million	дв**а** миллио́н**а**
5,000,000.	five million	пять миллио́н**ов**
1,000,000,000.	billion	миллиа́рд
1,000,000,000,000.	trillion	биллио́н (!)

2. Numerals *40*, *90*, and *100* are declined as follows:

nom.	со́рок	девяно́ст**о**	ст**о**
gen.	сорок**а́**	девяно́ст**а**	ст**а**
dat.	сорок**а́**	девяно́ст**а**	ст**а**
acc.	со́рок	девяно́ст**о**	ст**о**
instr.	сорок**а́**	девяно́ст**а**	ст**а**
prep.	сорок**а́**	девяно́ст**а**	ст**а**

3. Numerals *50*, *60*, and *70* are declined as follows. The numeral *80* is also a joining of two declensions, but there is more variation in its stem (note how **во́семь** changes).

Case	50, 60, 70	80
nom.	пятьдеся́т	во́семьдесят
gen.	пяти́десяти	восьми́десяти
dat.	пяти́десяти	восьми́десяти
acc.	пятьдеся́т	во́семьдесят
instr.	пятью́десятью	восемью́десятью
prep.	пяти́десяти	восьми́десяти

This declension simply involves the declension of **пять** to which is joined the declension of **десять**. Note that the -ь does not appear in final position in the nominative and accusative cases.

4. The declension of *200* and *500* will indicate the pattern for declension of numerals *200–900*.

nom.	две́сти	пятьсо́т
gen.	двухсо́т	пятисо́т
dat.	двумста́м	пятиста́м
acc.	две́сти	пятьсо́т
instr.	двумяста́ми	пятьюста́ми
prep.	двухста́х	пятиста́х

5. Observe the patterns for such numbers as *1000* and *6000*:

nom.	ты́сяча	шесть ты́сяч
gen.	ты́сячи	шести́ ты́сяч
dat.	ты́сяче	шести́ ты́сячам
acc.	ты́сячу	шесть ты́сяч
instr.	ты́сячью (ты́сячей)	шестью́ ты́сячами
prep.	ты́сяче	шести́ ты́сячах

6. The words *million, billion,* and *trillion* are declined as regular hard stem masculine nouns:

nom.	миллио́н
gen.	миллио́на
dat.	миллио́ну
acc.	миллио́н
instr.	миллио́ном
prep.	миллио́не

12-C. Additional Notes on Cardinal Numerals

1. *Compound numerals.* The last element of a compound numeral determines the case of the dependent noun and its modifiers. (For rules regarding the use of numerals, see ¶ **9-F.**)

При институ́те **два́дцать оди́н** студе́нт.	In the institute there are twenty-one students.
Мы име́ем **сто одну́** ста́рую кни́гу.	We have a hundred and one old books.
Он предста́вил **шестьдеся́т два** сло́жных приме́ра.	He presented sixty-two complex examples.
Мы зна́ем **тридцати́ четырёх** знамени́тых хи́миков.	We know thirty-four famous chemists.
В библиоте́ке **ты́сяча пятьсо́т трина́дцать** больши́х книг.	In the library there are 1,513 large books.

Слова́ дире́ктора отно́сятся к **ста шести́десяти трём** исслéдовател**ям** институ́та.	The director's words relate to the one hundred and sixty-three researchers of the institute.
Его́ кни́гу чита́ют в тридцат**и́** пят**и́** стра́н**ах**.	His book is read in thirty-five countries.

12-D. О́ба, о́бе: *both*

1. The word *both* is similar to the number *2* in that there is one form for the *masculine and neuter* (**о́ба**) and another for the *feminine* (**о́бе**). They are declined as follows:

Case	*m. & n.*	*f.*
nom.	о́ба	о́бе
gen.	обо́их	обе́их
dat.	обо́им	обе́им
acc.	о́ба *or* обо́их	о́бе *or* обе́их
instr.	обо́ими	обе́ими
prep.	обо́их	обе́их

2. In the *nominative* and *inanimate accusative*, **о́ба** and **о́бе** take nouns in the *genitive singular* and adjectives in *nominative* or *genitive plural.*

О́ба америка́нск**их** самолёт**а** летя́т высоко́.	Both American planes are flying high.
О́бе молоды́е студе́нтки хорошо́ у́чатся.	Both young students (*f.*) are studying well.

3. In the *animate accusative*, genitive, dative, instrumental, and prepositional, **о́ба** and **о́бе** agree in gender and case with the noun and its modifiers, which are in the plural.

Он держа́л бума́гу **обе́ими** рука́ми.	He held the paper with both hands.
Он внима́тельно следи́л за **обо́ими** ва́жными собы́тиями.	He followed both important events attentively.
Он уви́дел **обо́их** ру́сских студе́нтов в библиоте́ке.	He saw both Russian students in the library.

12-E. До́лжен: *must, have to*

1. The attributive adjective **до́лжный**, meaning *obliged* or *indebted*, is frequently used in its short forms to render *must* or *have to*. The short forms need be followed only by an *infinitive* to

form the present tense. They must always agree with the subject in *gender* and *number*.

m.	до́лж**ен**
f.	должн**а́**
n.	должн**о́**
pl.	должн**ы́**

Госуда́рство **должно́ слу-жи́ть** наро́ду.	The state *must* (*is obliged to*) *serve* the people.
Все трудя́щиеся **должны́ рабо́тать** о́коло семи́десяти часо́в в э́том ме́сяце.	All workers *must work* around seventy hours this month.

2. The *past tense* renders *had to* or *supposed to,* and is formed as follows:

m.	до́лжен был
f.	должна́ была́
n.	должно́ бы́ло
pl.	должны́ бы́ли

$+$ *infinitive*

Мы **должны́ бы́ли написа́ть** двена́дцать пи́сем.	We had to write twelve letters.
— Геро́й мое́й траге́дии **до́лжен был умере́ть**, — сказа́л а́втор.	"The hero of my tragedy had to die," said the author.

3. The *future tense* renders *shall* (or *will*) *have to,* and is formed as follows:

m.	до́лжен
f.	должна́
n.	должно́
pl.	должны́

$+$ *future* of быть $+$ *infinitive*

За́втра все **должны́ бу́дут рабо́тать**.	Tomorrow all (everybody) *will have to work.*
О́льга **должна́ бу́дет помога́ть** отцу́.	Olga *will have to help* [her] father.

12-F. The Particles **-то** and **-нибудь**.*

These particles, when added to certain pronouns, adjectives, or adverbs, lend an indefinite quality. The particle **-то** is more definite than **-нибудь**. Roughly stated: кто́-**то** means *some*one,

---

* The particle **-либо** is less frequently encountered. It has approximately the same meaning as **нибудь**: где́-**либо** (*some*where, *any*where); кто́-**либо** (*some*one, *any*one).

whereas кто-**нибудь** means *any*one; где-**то** means *some*where and
где-**нибудь** means *any*where (or *some*where with a very indefinite
connotation); когда-**то** means *some*time or *once*, whereas когда-
нибудь means *ever* (or *some*time in an indefinite sense). Note:
-нибудь is used mostly in references to the future, in questions, and
with the imperative; and **-то** is used primarily in references to the
present and past. Study the following examples:

Вчера́ **кто-то** по́льзовался инструме́нтами в мое́й лабора́тории.	Yesterday *someone* was using the instruments in my laboratory.
Я хочу́ поговори́ть с **ке́м-нибудь** об э́том де́ле.	I want to have a talk with *someone* about this matter.
Мы **где́-то** встре́тились.	We met *somewhere*.
Сове́тский учёный рабо́тает **где́-то** в Москве́.	The Soviet scholar works *somewhere* in Moscow.
Мне придётся жить **где́-нибудь** в Ленингра́де о́коло университе́та.	I shall have to live *somewhere* in Leningrad near the university.
Он **когда́-то** был инжене́ром здесь.	He was *once* an engineer here.
Вы **когда́-нибудь** е́здили по Аме́рике?	Have you *ever* traveled about America?
Пое́дем **куда́-нибудь**.	Let's go *somewhere*.
Э́то сде́лали **како́й-то** маши́ной.	This was made with *some sort* of machine.

12-G. Лю́ди: *people*

Челове́к, meaning *person* or *man*, is not used in the plural except
after numbers (in the genitive plural). The genitive plural, however,
is the same as nominative singular. The plural, *people*, is rendered
by **лю́ди**, which is declined as follows:

nom.	лю́ди
gen.	люде́й
dat.	лю́дям
acc.	люде́й
instr.	людьми́*
prep.	лю́дях

Мно́го **люде́й** в СССР ненави́дело Ста́лина.	Many people in the U.S.S.R. hated Stalin.
Втора́я кни́га о жи́зни Го́рького называ́ется "В **лю́дях**."	The second book about the life of Gorky is called "Among the People."

* See Appendix B.

12-H. The Plural of "year" with Numbers

The word *year* (**год**) is used only after numbers *1* to *4* and after compounds ending in these numbers: e.g., **два го́да, четы́ре го́да, сто два́дцать три го́да.**

After numbers *5* to *20* and after compounds ending in these numbers, **годо́в** is *not* used but rather **лет**, which is the *genitive plural* of **ле́то** (*summer*): e.g., **пять лет, ты́сяча две́сти девятна́дцать лет.**

Текст (Text)

Read and translate.

СОВЕ́ТСКИЕ ИСТО́РИКИ ОБ АВРА́АМЕ ЛИНКО́ЛЬНЕ (I)

Линко́льн, Авра́ам (1809–1865) — выдаю́щийся америка́нский госуда́рственный де́ятель, президе́нт США от 1861-го до 1865-го го́да. Роди́лся в шта́те Кенту́кки. Рабо́тал дровосе́ком[1] на Миссиси́пи, зате́м почто́вым слу́жащим. Когда́ ему́ бы́ло два́дцать семь лет, он сдал экза́мен на адвока́та[2] и заня́лся юриди́ческой пра́ктикой, доста́вившей ему́ широ́кую изве́стность.

Линко́льн ненави́дел ра́бство и явля́лся сторо́нником освобожде́ния не́гров. Несмотря́ на сопротивле́ние рабовладе́льцев, Линко́льн, в 1860-м году́, как кандида́т от республика́нской па́ртии, стал президе́нтом США. Избра́ние Линко́льна послужи́ло для рабовладе́льческих[3] шта́тов Ю́га сигна́лом к откры́тому мятежу́. В апре́ле 1861-го го́да мяте́жники захвати́ли прави́тельственный форт Са́мтер (в шта́те Ю́жной Кароли́ны). Начала́сь гражда́нская война́ США, кото́рая, как ука́зывал К. Маркс, была́ борьбо́й двух социа́льных систе́м — систе́мы ра́бства и систе́мы наёмного[4] труда́.

В пе́рвый пери́од гражда́нской войны́ Линко́льн занима́л коле́блющуюся[5] пози́цию, за что его́ критикова́ли К. Маркс и Ф. Э́нгельс, внима́тельно следи́вшие за собы́тиями в США.

(продолже́ние сле́дует)

[1] **дровосе́к** woodcutter
[2] **сдава́ть (сдать) экза́мен на адвока́та** to pass a bar examination
[3] **рабовладе́льческий** slave-owning
[4] **наёмный** hired
[5] **колé́блющийся** wavering

Упражнéния (Exercises)

A. *Dictionary practice*

ТРОПОСФÉРА

В предéлах тропосфéры вóздух имéет такóй же состáв, как и у земнóй повéрхности, т.е. состоúт глáвным óбразом из азóта (78% по объёму) и кислорóда (21% по объёму). Состоя́ние вóздуха в тропосфéре характеризýется его давлéнием, температýрой и влáжностью. С повышéнием над земнóй повéрхностью плóтность вóздуха уменьшáется; обы́чно уменьшáются тáкже влáжность и температýра, так как в предéлах тропосфéры вóздух нагревáется за счёт излучéния теплá земнóй повéрхностью.

Парáметры тропосфéры меня́ются в завúсимости от врéмени гóда,* сýток и метеорологúческих услóвий. Наблюдéния за изменéниями метеорологúческих услóвий ведýтся на метеорологúческих стáнциях как в приземнóм слóе, так и на высотé. Для э́того измерúтельные прибóры поднимáют на воздýшных шарáх úли самолётах. Измерéния провóдят чéрез небольшúе интервáлы по высотé, что даёт возмóжность подрóбно исслéдовать строéние тропосфéры.

Коэффициéнт преломлéния вóздуха обы́чно считáют рáвным единúце. Но э́то справедлúво тóлько в пéрвом приближéнии. В действúтельности коэффициéнт преломлéния тропосфéры завúсит от давлéния, температýры и влáжности вóздуха и, хотя́ и незначúтельно, отличáется от единúцы. При нормáльных давлéнии, влáжности и температýре коэффициéнт преломлéния превышáет единúцу примéрно на $4 . 10^{-4}$.

B. Select the appropriate participle in each sentence and translate the entire sentence.

1. Тепéрь нет учёных, {принадлежáвшие / принадлежáвшим / принадлежáвших} к поколéнию Менделéева.

2. Вот стáрый адвокáт, {приéхавшего / приéхавший / приéхавшему} сюдá из какóго-то ю́жного гóрода.

* **врéмя гóда** *season* (For declension of **врéмя** see ¶ 14-B.)

3. Это — рома́н о лю́дях, { жи́вшие
жи́вших на ю́ге во вре́мя войны́.
жи́вшими

4. Пётр говори́л со студе́нткой, { получи́вшей
получи́вшую письмо́ из По́ль-
получи́вшая
ши.

5. Я уже́ зна́ю слова́, { находи́вшаяся
находи́вшиеся в но́вом уро́ке.
находи́вшихся

6. Ма́ша написа́ла письмо́ како́му-то госуда́рственному де́ятелю,
{ встрети́вшийся
встрети́вшегося с ней во вре́мя войны́.
встрети́вшемуся

7. Она́ мне говори́ла об отце́, { жи́вшего
жи́вший когда́-то в за́падной
жи́вшем
Росси́и.

8. Вы когда́-нибудь встреча́лись с людьми́, { получа́вшими
получа́вших
получа́вшие
журна́лы из Сове́тского Сою́за?

9. Что он до́лжен бу́дет сказа́ть сове́тским писа́телям,
{ прочита́вших
прочита́вшими его́ кни́гу?
прочита́вшим

10. Исто́рик написа́л кни́гу о мяте́жниках, { захвати́вшие
захвати́вшими Форт
захвати́вших
Са́мтер.

11. Он уже́ не по́мнит собы́тий, { послужи́вших
послужи́вшие сигна́лом к
послужи́вшим
войне́.

12. Вчера́ у́мер почто́вый слу́жащий, { рабо́тавшего
рабо́тавший здесь два́д-
рабо́тавшие
цать шесть лет.

13. Со студе́нткой, так $\begin{cases} \text{ненави́девшая} \\ \text{ненави́девшей} \\ \text{ненави́девшую} \end{cases}$ Ста́лина, мы не гово-
ри́ли.

C. Pick out the number that does not belong in each of the
following groups and explain why it does not belong in the group.

1. два, четы́ре, во́семь, девятна́дцать
2. пятьдеся́т два, трём, шестью́, одно́й
3. двена́дцатью, пяти́, шестью́, сорока́
4. два́дцать, со́рок, шестьдеся́т, се́мьдесят
5. пятна́дцати, шестьюста́ми, тремя́, девяно́ста
6. восемна́дцать, двена́дцать, четы́рнадцать, пятна́дцать
7. шесть, оди́ннадцать, два́дцать четы́ре, восемна́дцать
8. сто, се́мьдесят четы́ре, пятьдеся́т, два́дцать пять

THIRTEENTH LESSON

Слова́рь (Vocabulary)

вмеша́тельство	interference	полови́на	half
вне́шний	external, foreign	приме́рный	approximate
вы́бор	election, choice	про́тив (+ *gen.*)	against
выступа́ть	to come out	равня́ться	to equal
(вы́ступить)		(поравня́ться)	
гото́вить	to prepare	ра́нить	to wound
(пригото́вить)		си́ла	force, power
дру́жественный	friendly	стреми́ться	to strive
заверше́ние	completion	(устреми́ться)	
излага́ть	to explain, to	укрепле́ние	strengthening
(изложи́ть)	expound	усло́вие	condition
круг	circle	успе́шный	successful
направля́ть	to direct, to guide	устана́вливать	to establish
(напра́вить)		(установи́ть)	

Associated Words

де́ятельность	activity	проводи́ть	to draw, to enact,
избира́ть	to elect	(провести́)	to conduct, to
(избра́ть)			spend (*time*)
иностра́нный	foreign	реша́ть	to decide, to solve
испо́льзовать	to use, to make	(реши́ть)	
	use of	смерте́льный	mortal
междунаро́д-	international	сно́ва	again, anew
ный		треть (*f.*)	one-third
обеспе́чение	guarantee	утра́та	loss
отноше́ние	relation	че́тверть (*f.*)	one-quarter, one-
по́льза	benefit, advantage		fourth
приходи́ть	to arrive		
(прийти́ *or*			
придти́)			

109

Loan Words

аге́нт	agent	март	March
А́нглия	England	ми́нус	minus
а́рмия	army	мину́та	minute
банки́р	banker	планта́тор	plantation owner
генера́л	general	плюс	plus
инициати́ва	initiative	поли́тика	policy, politics
интерве́нция	intervention	порт	port
Интернацио-на́л	Internationale	прогресси́вный	progressive
		реакцио́нный	reactionary
капитули́ро-вать	to capitulate	тради́ция	tradition
		Фра́нция	France
класс	class	энциклопе́дия	encyclopedia
кома́ндование	command	эска́дра	squadron
коммунисти́-ческий	communist		

Expressions for Memorization

в то же вре́мя	at the same time
в по́льзу (+ *gen.*)	in favor (of)
тому́ наза́д	ago
во главе́ с (+ *instr.*)	headed by
так называ́емый (так наз.)	so-called
в настоя́щее вре́мя	at the present time

В то же вре́мя на́до по́мнить, что дире́ктор не банки́р.
At the same time it is necessary to remember that the director is not a banker.

Сове́т реши́л вопро́с **в по́льзу** рабо́чих.
The council decided the question in the workers' favor.

Семь лет **тому́ наза́д** я жил в Пари́же.
Seven years ago I was living in Paris.

Росси́я ста́ла респу́бликой в феврале́ 1917-го го́да, но республика́нское прави́тельство **во главе́ с** Ке́ренским существова́ло то́лько не́сколько ме́сяцев, до **так называ́емой** ''Октя́брьской'' револю́ции 1917-го го́да.
Russia became a republic in February 1917, but the Republican government, headed by Kerensky, existed only a few months, until the so-called ''October Revolution'' of 1917.

В настоя́щее вре́мя в Сове́тском Сою́зе пятна́дцать респу́блик.
At the present time there are fifteen republics in the Soviet Union.

Грамма́тика (Grammar)

13-A. The Present Passive Participle

1. This *verbal adjective* is formed by adding to the first person plural of the verb in the present tense* the following endings:

* Only imperfective verbs have a present tense.

-ый for masculine, **-ая** for feminine, **-ое** for neuter, and **-ые** for plural.

INFINITIVE	FIRST PERSON PLURAL	PRESENT PASSIVE PARTICIPLE (*m.*)
получа́ть	получа́ем	получа́ем**ый**
обознача́ть	обознача́ем	обознача́ем**ый**
производи́ть	производи́м	производи́м**ый**
называ́ть	называ́ем	называ́ем**ый**

2. *Use of the present passive participle.* This participle may be used as an attributive adjective and in a clause. In both cases it agrees in *number, gender,* and *case* with the word it modifies. It may also be used predicatively.

Изве́стия, **получа́емые** на́ми из Сове́тского Сою́за, хоро́шие.

The news which we get from the Soviet Union is good.

Мно́го зави́сит от о́пытов, **производи́мых** на́шими физиками.

Much depends on the experiments being conducted by our physicists.

3. *Short forms of the present passive participle.* These are formed and used in the same way as short forms of any adjective, that is, by adding to the stem of the adjective a "zero" ending for the masculine, **-a** for the feminine, **-o** for the neuter, and **-ы** for the plural.

Профе́ссор все́ми свои́ми студе́нтами глубо́ко люби́м.

The professor is deeply loved by all his students.

13-B. Additional Notes on Cardinal Numbers

1. The prefix **пол-** means *half.* The noun to which **пол-** is prefixed is always in the *genitive singular.* Thus:

полчаса́ — half an hour
полдеся́тка — half a ten
(similar to our *half a dozen*)

Note also two special cardinal numbers: **полтора́** *one and a half;* **полтора́ста** *one hundred and fifty.* When declined these numbers become **полу́тора** and **полу́тораста** respectively in all cases except accusative.

Мы провели́ о́коло **полу́тора** часа́ в лаборато́рии.

We spent about an hour and a half in the laboratory.

О́бщество состои́т из **полу́тораста** хи́мик**ов**.

The society consists of one hundred fifty chemists.

2. Addition, subtraction, multiplication, and division of cardinal numbers.*

Note that in the following examples the *reflexive* verb is followed by the *dative case* of the numeral involved.

Шесть плюс три равняется девяти.	Six plus three equals nine (*lit.* six plus three equals itself to nine).
Тринадцать минус десять равняется трём.	Thirteen minus ten equals three.
Семь помноженное на пять равняется тридцати пяти.	Seven times five equals thirty five.

Note: **помноженное** is actually the past passive participle of **помножить** *to multiply.* The preposition **на** here means *by.* *Literally,* the sentence above reads: Seven which has been multiplied by five equals thirty five.

Сто **разделённое на** двадцать пять равняется четырём.	One hundred *divided by* twenty five equals four.

Note: **Разделённое** is the past passive participle of **разделить** *to divide.* In the "multiplication" and "division" sentences above, the translation of **на** as *by* should be remembered, for this usage is often encountered in scientific prose.

3. *Indicating age.* The person or thing whose age is being indicated is put into the *dative case.*

Мне сорок семь лет.	I am forty-seven years old (*lit.* to me are forty-seven years).
Директору шестьдесят два года.	The director is sixty-two.
Этим зданиям примерно сто лет.	These buildings are approximately one-hundred-years old.

13-C. Ordinal Numerals

Russian ordinal numerals (like the English *first, second, twenty-fifth, millionth*) are adjectives and therefore must agree in gender, number and case with the nouns they modify. Note that in compound ordinals (such as *thirty-sixth, one-hundred-eighth*) only the *final*

---

* In spoken Russian one may hear simpler constructions: Дважды два — четыре (2 × 2 = 4); пятью семь — тридцать пять (5 × 7 = 35); десять раз пять — пятьдесят (10 × 5 = 50); шесть и три будет девять (6 + 3 = 9).

numeral is formally an ordinal; the preceding numerals are cardinals.

пе́рвый	first	оди́ннадцатый	eleventh
второ́й	second	двена́дцатый	twelfth
тре́тий	third	трина́дцатый	thirteenth
четвёртый	fourth	четы́рнадцатый	fourteenth
пя́тый	fifth	пятна́дцатый	fifteenth
шесто́й	sixth	шестна́дцатый	sixteenth
седьмо́й	seventh	семна́дцатый	seventeenth
восьмо́й	eighth	восемна́дцатый	eighteenth
девя́тый	ninth	девятна́дцатый	nineteenth
деся́тый	tenth	двадца́тый	twentieth

два́дцать пе́рвый	twenty-first
два́дцать второ́й	twenty-second
тридца́тый	thirtieth
сороково́й	fortieth
пятидеся́тый	fiftieth
шестидеся́тый	sixtieth
семидеся́тый	seventieth
восьмидеся́тый	eightieth
девяно́стый	ninetieth
со́тый	hundredth
сто пе́рвый	hundred-first

двухсо́тый	two-hundredth	семисо́тый	seven-hundredth
трёхсо́тый	three-hundredth	восьмисо́тый	eight-hundredth
четырёхсо́тый	four-hundredth	девятисо́тый	nine-hundredth
пятисо́тый	five-hundredth	ты́сячный	thousandth
шестисо́тый	six-hundredth	миллио́нный	millionth

13-D. Fractions

1. *One-fourth, one-third* and *one-half* are feminine nouns.

че́тверть	one-fourth
треть	one-third
полови́на	one-half

2. When used in combination with other numbers, these must be declined accordingly.

три че́тверти	three-fourths
две тре́ти	two-thirds
две полови́ны	two-halves

3. Other fractions are formed as follows:

одна́ пя́**тая** (**часть**)	one-fifth (*part*)
две пя́**тых** (ча́сти)	two-fifths (parts)
шесть деся́**тых** (часте́й)	six-tenths (parts)
семь восьмы́**х** (часте́й)	seven-eighths (parts)
семна́дцать со́**тых**	seventeen-hundredths
два́дцать во́семь ты́сяч**ных**	twenty-eight—thousandths

13-E. Telling Time

1. Russians often employ a method of telling time which involves cardinals, ordinals, and fractions. Students of Russian must learn this for accurate translation.

2:15	че́тверть тре́тьего	a quarter of the third (hour)
3:30	полови́на четвёртого	half of the fourth (hour)
3:45	без че́тверти четы́ре	less one-quarter, four
	or	*or*
	три че́тверти четвёр-того	three-quarters of the fourth

2. Other times are indicated similarly. The time *past* the hour *until* the half hour is expressed as "so many minutes of the next hour." That "next hour" is the genitive of an *ordinal* numeral.

5:16	шестна́дцать (мину́т) шесто́го
10:28	два́дцать во́семь (мину́т) оди́ннадцатого
12:10	де́сять (мину́т) пе́рвого

3. *After* the half hour the Russian uses the formula of "less so many minutes, the hour (*cardinal*)":

9:43	без семна́дцати (мину́т) де́сять
11:57	без трёх (мину́т) двена́дцать

4. There is a considerably easier system of telling time which is used in airports, railroad stations. It is sometimes used under other circumstances in place of the system described above.

11:30	оди́ннадцать три́дцать	eleven thirty
12:27	двена́дцать два́дцать семь	twelve twenty-seven
3:47	три со́рок семь	three forty-seven

5. To render "*at* such-and-such a time," one simply puts the preposition **в** before the time. If the time involves a construction with **без**, the **в** is omitted.

Кла́ссы начина́ются **в** чет- верть девя́того.	Classes begin at a quarter past eight.
Она́ умерла́ **без** пяти́ семь.	She died at five minutes to seven.
Он придёт **в** семна́дцать две- на́дцатого.	He will arrive at seventeen minutes after eleven.

6. To render "*in* so many minutes," the preposition **че́рез** (through) is used.

Он придёт **че́рез** че́тверть часа́.	He will arrive in a quarter of an hour.
Мы лети́м в Ленингра́д **че́рез** два́дцать пять мину́т.	We are flying to Leningrad in twenty-five minutes.

13-F. Dates

1. Ordinal numerals are also involved in expressing dates. The *last element* of a date is in the *ordinal form*. "*In* such and such a year" is rendered by the preposition **в** followed by the date in the prepositional. *Only* the ordinal element (and the word *year*) is declined.

Колу́мб откры́л Аме́рику **в** ты́сяча четы́реста девя- но́сто **второ́м** году́.*	Columbus discovered America in 1492.
Галиле́й роди́лся **в** ты́сяча пятьсо́т шестьдеся́т **чет-** **вёртом** году́.	Galileo was born in 1564.

2. To express "*on* such and such a date," the *ordinal element of the date* (and the word *year*) is in the genitive.

Ру́звельт у́мер двена́дцат**ого** апре́ля ты́сяча девятьсо́т со́рок пя́т**ого** го́да.	Roosevelt died on the twelfth of April, 1945.
Но́вый институ́т откро́ется пе́рв**ого** января́ ты́сяча девятьсо́т шестьдеся́т ше- ст**о́го** го́да.	The new institute will open the first of January, 1966.

* See Appendix B for examples of masculine nouns ending in -у́ and -ю́ after **в** and **на**.

Текст (Text)

Read and translate.

СОВЕ́ТСКИЕ ИСТО́РИКИ О АВРА́АМЕ ЛИНКО́ЛЬНЕ (II)

Вне́шняя поли́тика Линко́льна была́ напра́влена[1] на обес-пе́чение усло́вий для успе́шного заверше́ния войны́ про́тив мяте́жников и предотвраще́ние[2] вмеша́тельства иностра́нных госуда́рств, пре́жде всего́ А́нглии и Фра́нции, гото́вивших вооружённую[3] интерве́нцию в по́льзу рабовладе́льцев. В то же вре́мя Линко́льн стреми́лся установи́ть дру́жественные отно-ше́ния с Росси́ей, кото́рая вы́ступила про́тив вмеша́тельства А́нглии и Фра́нции и напра́вила две эска́дры в америка́нские по́рты, что сыгра́ло большу́ю роль в укрепле́нии междунаро́дных пози́ций прави́тельства Линко́льна.

В ты́сяча восемьсо́т шестьдеся́т четвёртом году́ Линко́льна сно́ва избра́ли президе́нтом США. Он одержа́л верх над[4] реакционе́ром генера́лом МакКле́лланом. По́сле побе́ды Линко́-льна на вы́борах Генера́льный Сове́т Пе́рвого Интернациона́ла по инициати́ве К. Ма́ркса и Ф. Э́нгельса посла́л приве́тствие[5] Линко́льну.

Девя́того апре́ля ты́сяча восемьсо́т шестьдеся́т пя́того го́да ю́жная а́рмия под кома́ндованием генера́ла Ли капитули́ровала. Четы́рнадцатого апре́ля ты́сяча восемьсо́т шестьдеся́т пя́того го́да Линко́льна смерте́льно ра́нил аге́нт планта́торов и нью-йо́ркских баники́ров Бутс.

Смерть Линко́льна яви́лась тяжёлой утра́той для амери-ка́нского наро́да. Де́ятельность Линко́льна име́ла большо́е прогресси́вное значе́ние. Коммунисти́ческая па́ртия и все прогресси́вные си́лы США испо́льзуют лу́чшие тради́ции Линко́льна в свое́й борьбе́ за демокра́тию, про́тив реакцио́нной поли́тики америка́нских пра́вящих круго́в.

—Adapted from ''Больша́я Сове́тская Энциклопе́дия,'' 1954

---

[1] **напра́вленный** directed **напра́влена,** *f., short form of past passive participle*
[2] **предотвраще́ние** prevention
[3] **вооружённый** armed
[4] **одержа́ть верх над** to get the upper hand of
[5] **приве́тствие** greetings

Упражнéния (Exercises)

A. *Dictionary practice*

ЭЛЕКТРÓННЫЕ ЦИФРОВЫ́Е МАШИ́НЫ*

В настоя́щее врéмя почти́ любу́ю нау́чно-техни́ческую проблéму мóжно исслéдовать при пóмощи математи́ческих мéтодов. Для э́того исслéдуемый процéсс представля́ется в ви́де систéмы уравнéний и́ли фóрмул. Электрóнные цифровы́е маши́ны позвóлили реши́ть ряд проблéмных вопрóсов, котóрые не могли́ быть разрешены́† стáрыми срéдствами вычисли́тельной тéхники. Ужé на пéрвых этáпах своегó существовáния э́ти маши́ны помогли́ соверши́ть ряд важнéйших откры́тий почти́ во всех областя́х науки и тéхники.

Крóме решéния математи́ческих задáч, электрóнные цифровы́е маши́ны мóгут осуществля́ть выполнéние ря́да логи́ческих задáч: перевóд тéкста с одногó языкá на другóй, решéние шáхматных этю́дов, библиографи́ческий подбóр трéбуемой литерату́ры и т.д.‡

В Совéтском Сою́зе придаётся большóе значéние разви́тию вычисли́тельной тéхники и, в чáстности, произвóдству электрóнных цифровы́х маши́н. Ужé сейчáс у нас рабóтает ряд совремéнных цифровы́х маши́н, таки́х, как БЭСМ, «Стрелá», «Урáл», М-2 и др.; мнóго маши́н нахóдится в стáдии произвóдства и проекти́рования.

B. Select the correct form of the *present passive participle* and translate the entire sentence.

1. Кто мóжет мне объясни́ть значéние óпытов, {производи́мых / производи́мые / производи́мое

   в э́том мéсяце в СССР?

2. Вопрóсы, {решáемыми / решáемые специали́стами, мне кáжутся óчень / решáемая

   тру́дными.

3. Я нашёл нéсколько оши́бок в кни́ге, {читáемая / читáемой мои́ми / читáемыми

   студéнтами.

---

* Г. Д. Смирнóв, **Электрóнные цифровы́е маши́ны** (Москвá, 1958).
† **разрешены́** solved (This is a short form of the past passive participle.)
‡ **и т.д.** and so forth.

4. Президе́нт что-то сказа́л иссле́дователю, $\begin{cases}\text{люби́мому}\\\text{люби́мыми} \text{ все́ми}\\\text{люби́мый}\end{cases}$ студе́нтами.

5. Вот уро́к со слова́ми, $\begin{cases}\text{встреча́емые}\\\text{встреча́емыми ка́ждый день в лабо-}\\\text{встреча́емых}\end{cases}$ рато́риях.

6. Э́та студе́нтка хо́чет нам объясни́ть значе́ние о́пыта, $\begin{cases}\text{производи́мый}\\\text{производи́мом} \text{ сего́дня в лаборато́рии.}\\\text{производи́мого}\end{cases}$

7. Вопро́с, $\begin{cases}\text{реша́емых}\\\text{реша́емыми специали́стом, ка́жется вам тру́дным?}\\\text{реша́емый}\end{cases}$

8. Президе́нт ничего́ не сказа́л профессора́м, $\begin{cases}\text{люби́мым}\\\text{люби́мыми}\\\text{люби́мых}\end{cases}$ студе́нтками.

9. В кни́гах, $\begin{cases}\text{чита́емые}\\\text{чита́емых} \text{ мои́ми студе́нтами, нет теоре́м.}\\\text{чита́емыми}\end{cases}$

10. Я чита́ю фо́рмулу, ча́сто $\begin{cases}\text{встреча́емую}\\\text{встреча́емая} \text{ в хими́ческих жур-}\\\text{встреча́емой}\end{cases}$ на́лах.

C. Find the correct answers to the problems in column I in column II (which also contains unsuitable answers).

a. де́вять помно́женное на де́сять

b. три́дцать ми́нус пятна́дцать

c. оди́ннадцать плюс во́семь

d. две́сти де́сять разделённое на три́дцать

e. ты́сяча сто три́дцать семь ми́нус ты́сяча во́семьдесят оди́н

f. девятна́дцать плюс шестна́дцать

a. равня́ется сорока́ девяти́

b. равня́ется пяти́десяти шести́

c. равня́ется девяно́ста

d. равня́ется ста двадцати́ восьми́

e. равня́ется двумста́м девяно́ста

f. равня́ется тридцати́ пяти́

g. ты́сяча разделённая на
   пятьдеся́т

g. равня́ется двадцати́ четырём

h. сто три́дцать пять разделённое на со́рок пять

h. равня́ется двадцати́

i. пятна́дцать помно́женное
   на шестна́дцать

i. равня́ется девятна́дцати

j. две́сти во́семьдесят оди́н
   ми́нус две́сти шестьде-
   ся́т три

j. равня́ется восемна́дцати

k. сто пятьдеся́т плюс сто
   со́рок

k. равня́ется пятна́дцати

l. сто со́рок семь разделённое на три

l. равня́ется девяти́

m. шесть помно́женное на
   четы́ре

m. равняется трём

n. равня́ется девяно́ста двум

o. равня́ется двумста́м сорока́

p. равня́ется семи́

D. Select the correct set of words and translate the entire sentence.

1. В библиоте́ке учёного о́коло {пятисо́т книг. / пятьюста́ми кни́гами. / пятиста́м кни́гам.

2. В два́дцать {четвёртый уро́к / четвёртым уро́ком / четвёртом уро́ке} мно́го сло́жных фо́рмул.

3. Аля́ска ста́ла со́рок {девя́тый штат / девя́том шта́те / девя́тым шта́том} США.

4. Его́ после́дние кни́ги посла́ли {шестьдеся́т школ. / шести́десяти шко́лам. / шести́десяти шко́лах.

5. Хи́мик описа́л {тремя́ но́выми ти́пами / три но́вых ти́па / трёх но́вых ти́пов} эне́ргии.

6. Адвока́т придёт к {семь часо́в. / семи́ часа́м. / семи́ часо́в.

7. Она́ мне показа́ла кни́гу о {двена́дцати ва́жных элеме́нтах. / двена́дцатью ва́жными элеме́нтами. / двена́дцати ва́жных элеме́нтов.

8. Учёный умеет говорить на ⎰ пяти иностранных языков.
   ⎱ пятью иностранными языками.
   ⎱ пяти иностранных языках.

9. Вчера производились четыре ⎰ интересных опыта.
   ⎱ интересных опытов.
   ⎱ интересными опытами.

10. Директор это сказал ⎰ восьми биологам
    ⎱ восьми биологов института.
    ⎱ восьми биологах

Четы́рнадцатый Уро́к

FOURTEENTH LESSON

Слова́рь (Vocabulary)

бога́тый	rich	призна́ние	acknowledgement, confession
глубо́кий	deep		
го́рдость (f.)	pride	приро́дный	natural, innate
греть (нагре́ть)	to heat, to warm	причи́на	reason, cause
давно́	long ago, already	путь (m.)	way, path, means
духо́вный	spiritual	разнообра́зный	diverse
замеча́тельный	remarkable	сла́ва	fame
и́мя	name	среди́ (+ gen.)	among
иску́сство	art	сре́дство	means
мирово́й	world (adj.)	страни́ца (стр.)	page (p.)
неда́вно	recently	сторона́	side
неодина́ковый	unequal	ступа́ть	to stride, to step
обнима́ть	to embrace	(ступи́ть)	
(обня́ть)		у́ровень (m.)	level

Associated Words

англича́нин	Englishman	откры́тие	discovery
вклад	contribution	поня́тие	concept
всео́бщий	common, universal	проявле́ние	manifestation
		ру́копись (f.)	manuscript
дре́вность (f.)	antiquity	создава́ть	to create
иссле́дование	investigation, research	(созда́ть)	
		составля́ть	to compose, to compile
обще́ственный	social	(соста́вить)	
окружа́ть	to surround	существова́ние	existence
(окружи́ть)		це́нный	valuable

Loan Words

буты́лка	bottle	материа́льный	material
геогра́фия	geography	национа́льный	national

121

гру́ппа	group	поли́ция	police
гума́нность	humaneness	пробле́ма	problem
декабрь (*m.*)	December	специа́льность	speciality
европе́йский	European	(*f.*)	
ию́нь (*m.*)	June	те́хника	technique,
кла́ссовый	class		technics
композитор	composer	физи́ческий	physical

Expressions for Memorization

бо́льшей ча́стью	for the most part
с одно́й стороны́ . . . с друго́й	on the one hand . . . on the other
и т.д. (и так да́лее)	etc. (and so forth)
по пра́ву	by rights
см. вы́ше (смотри́те вы́ше)	see above
путём (+ *gen.*)	by means of

Студе́нты **бо́льшей ча́стью** понима́ют вопро́сы.
The students for the most part understand the questions.

С одно́й стороны́ их рабо́та о́чень интере́сна, **с друго́й (стороны́)** она́ не име́ет большо́го значе́ния.
On the one hand their work is very interesting; on the other hand, it does not have great significance.

В библиоте́ке есть произведе́ния Толсто́го: «Анна Каре́нина», «Война́ и мир» **и т.д.**
In the library are Tolstoy's works: *Anna Karenina, War and Peace,* etc.

«Анна Каре́нина» **по пра́ву** принадлежи́т к класси́ческим произведе́ниям мирово́й литерату́ры.
Anna Karenina belongs by rights to the classic works of world literature.

Это поня́тие отно́сится к вопро́су о материа́льном у́ровне коммунисти́ческого о́бщества (**см. вы́ше**).
This concept relates to the problem of the material level of communist society (see above).

Я э́то узна́л **путём** иссле́дований, произведённых мно́ю в лаборато́рии.
I found this out by means of research, which I had conducted in the laboratory.

Грамма́тика (Grammar)

14-A. The Past Passive Participle

This *verbal adjective* occurs in the long, or attributive, and the short, or predicative, forms.

   1. *Long form*

   a. Characteristic endings of the long forms in the nominative are **-нный, -нная, -нное,** and **-нные.** The formation of the stems to which these endings are joined varies with different classes of verbs.

For the purpose of translation, however, it is only necessary to identify the *participial form*, which is easily done by noting the characteristic **-нн-**, followed by an adjectival ending.

INFINITIVE	LONG FORM (*m.*)
сде́лать	сде́ла**нный**
получи́ть	полу́че**нный**
принести́	принесё**нный**

b. Verbs in **-нуть -нять**, **-ыть** and some others form the past passive participial long form by dropping **-ь** from the infinitive and adding **-ый**, **-ая**, **-ое**, and **-ые**,

INFINITIVE	LONG FORM (*m.*)
тро́нуть	тро́нут**ый**
заня́ть	за́нят**ый**
откры́ть	откры́т**ый**
греть	гре́т**ый**
нача́ть	на́чат**ый**

c. Use of the past passive participle. This participle must agree in *number*, *gender*, and *case* with the word that it modifies. Study the following examples:

В Аме́рике ма́ло автомоби́-лей, **сде́ланных** в СССР.

There are few automobiles in America *made* in the U.S.S.R.

Он говори́л о письме́, **по-лу́ченном** вчера́.

He was speaking about the letter *which was received* yesterday.

Все осма́тривали нове́йшую маши́ну, неда́вно **приве-зённую** с фа́брики.

Everyone was inspecting the latest machine, recently *brought* from the factory.

2. *Short form*
a. The short forms of the past passive participles ending in **-нный**, etc., are formed from the long forms by merely dropping the endings and adding **-н**, **-на**, **-но**, and **-ны**.

INFINITIVE	LONG FORM (*m.*)	SHORT FORMS
сде́лать	сде́ла**нный**	сде́ла**н**, сде́ла**на**, сде́ла**но**, сде́ла**ны**
получи́ть	полу́че**нный**	полу́че**н**, полу́че**на**, полу́че**но**, полу́че**ны**

b. Short forms of the past passive participles ending in **-тый** etc., are similar to the short forms for any adjectives.

INFINITIVE	LONG FORM (*m.*)	SHORT FORMS
заня́ть	за́ня**тый**	за́нят, занята́, за́нято, за́няты
откры́ть	откры́**тый**	откры́т, откры́та, откры́то, откры́ты

c. Use of the short forms of the past passive participle. These are very often encountered in written Russian in the rendering of *passive predicative* constructions. Study the following examples:

По́длинный текст э́того со-
обще́ния **был полу́чен**
второ́го декабря́.

The original text of this communication was received on
the second of December.

Э́то ва́жное откры́тие **бы́ло
сде́лано** в 1939-м году́.

This important discovery was
made in 1939.

Он **был** глубоко́ **тро́нут**
проявле́нием гума́нности
э́того наро́да.

He was deeply touched by this
people's manifestation of
humaneness.

Мы о́чень **за́няты**.

We are very busy (*lit.* occupied)

В 1745-м году́ М. В. Ломо-
но́сов **был и́збран** ака-
де́миком.

In 1745 M. V. Lomonosov was
elected academician.

Иссле́дование **бы́ло на́чато**
одни́м из нас в ию́не э́того
го́да.

The investigation was begun
by one of us in June of this
year.

14-B. Special Declensions*

1. The following plural declension embraces many nouns denoting nationality.

nom. sing.	англича́**нин**
nom. pl.	англича́**не**
gen. pl.	англича́**н**
dat. pl.	англича́**нам**
acc. pl.	англича́**н**
instr. pl.	англича́**нами**
prep. pl.	англича́**нах**

This pattern is followed by all such nouns having the nominative singular ending in **-ин**:

славяни́н	Slav	христиани́н	Christian
тата́рин	Tartar	крестья́нин	peasant
датча́нин	Dane	дворяни́н	nobleman

* See Appendix C for other special declensions.

2. Neuter nouns in **-мя** are declined like **вре́мя**.

	SINGULAR	PLURAL
nom.	вре́мя	времена́
gen.	вре́мени	времён★
dat.	вре́мени	времена́м
acc.	вре́мя	времена́
instr.	вре́менем	времена́ми
prep.	вре́мени	времена́х

Note the following common expressions involving **вре́мя**:

со вре́менем	in time, gradually
вре́мя от вре́мени	from time to time
во вре́мя (+ *gen.*)	during
во вре́мя войны́	during the war
во́-время (во́время)	in time
Он прие́хал во́-время.	He arrived in time.
в то же са́мое вре́мя	at that very same time
в своё вре́мя	in due time, at one time, in good time

14-C. Сам, сама́, само́, са́ми,

1. This emphatic personal pronoun meaning *self* is declined as follows:

Case	m.	f.	n.	pl.
nom.	сам	сама́	само́	са́ми
gen.	самого́	само́й	самого́	сами́х
dat.	самому́	само́й	самому́	сами́м
acc.	самого́	самоё (!)	само́	сами́х
instr.	сами́м (!)	само́й (ою)	сами́м (!)	сами́ми
prep.	само́м	само́й	само́м	сами́х

Examples:

Эти изобрета́тели **са́ми** сде́-
лали всё в лаборато́рии.

These inventors did everything
in the laboratory *themselves*.

Англича́нин **сам** написа́л
мне по-ру́сски.

The Englishman *himself* wrote
to me in Russian.

Он неда́вно говори́л с **сами́м**
президе́нтом.

He recently was talking with
the president *himself*.

2. This word can easily be confused with forms of **са́мый**, *the
same, the very*. (The reader will remember that **са́мый** also is used

★ Genitive plural of **семя́** *seed* is **семя́н**.

with adjectives to form superlatives; it is declined as a hard-stem adjective.) Study the following examples involving forms of both **сам** and **са́мый**.

Он рабо́тал в **са́мом** це́нтре го́рода.	He worked in the very center of town.
Он учи́лся при **само́м** институ́те.	He studied at the institute itself.
Он жил в том же **са́мом** до́ме.	He lived in that very same house.
В **само́й** библиоте́ке бы́ли ты́сячи книг.	There were thousands of books in the library itself.
Я **сам не** зна́ю отве́та.	I myself don't know the answer.
Мы отве́тили на э́тот **са́мый** вопро́с не́сколько мину́т тому́ наза́д.	We answered that very same question several minutes ago.
Мы о́ба прие́хали в то же **са́мое** вре́мя.	We both arrived at the very same time.

14-D. Common Prefixes and their Meanings

An understanding of these prefixes will expand the reader's present vocabulary and simplify the understanding of new words. Readers should, however, be cautioned that these prefixes *do not always* convey the meanings given below.

без-, бес-	without, -less, dis-	lawless беззако́нный
		irresponsible безотве́тственный
		weak бесси́льный
в-, во	into, in	import ввоз
		to enter входи́ть
		entrance вход
воз-, вз-, вос-, вс-	up, off	to raise, to increase возвыша́ть
		to take off (*airplane*) взлета́ть
		to uncover вскрыть
вы-	out of, out	to pour out вылива́ть
		to leave выходи́ть
		to issue выдава́ть
до-	up to	to live to, to attain дожива́ть
		accessible досту́пный
за-	The possible meanings conveyed by this prefix are too numerous to be specified.	

между, меж-	inter-	international международный
		inter-planetary межпланетный
на-	See comment on **за** above.	
над-, надо-	over, above, super-	overhead, aerial надзéмный
		inscription нáдпись
не-	un-, in-, non-	inaccessible недостýпный
		nonpolar неполя́рный
низ-, нис-	down	to fall down ниспадáть
		descent нисхождéние
о-, об, обо-	about, around, de-	to designate обозначáть
		to embrace, to hug обнимáть
от-, ото-	out, away from	to retreat отступáть
		to go away отходи́ть
пере-, пре-	across, over, trans-	to translate переводи́ть
		to transfer переноси́ть
		to superheat перегревáть
		to transmit, to convey передавáть
по-	This common prefix is used to form the *perfective*. It also gives the connotation of ''a little while'' to many verbs.	
		to stand a little while постоя́ть
		to speak a little поговори́ть
под-, подо-	under, sub-, towards	to approach подходи́ть
		to sign подпи́сывать
		to subscribe подпи́сываться
		underground подзéмный
полу-	half, semi-, demi-	semimetal полуметáлл
		semisolid полутвёрдый
		demigod полубóг
пред-	before, pre-	prophecy предсказáние
		proposal предложéние
при-	towards	arrival приéзд
		influx, tide прили́в
про-	past, through	wire, conductor прóвод
		to look through просмáтривать
противо-	against, anti-	gas mask противогáз
		contrast противоположéние
		anti-aircraft противосамолётный
равно-	equi-, iso-	equilibrium, balance равновéсие
		isochronous равноврéменный
раз-, рас-, разо-	apart, to pieces, dis-	to distribute раздавáть
		to divide разделя́ть
		overflow, flood разли́в

разно-	different, hetero-	variety разновидность heterogeneity разноро́дность
с-, со-	con-, co-, with, down, off	contemporary совреме́нный collaborator сотру́дник to descend сходи́ть
сверх-	super-	superman сверхчелове́к superlight сверхлёгкий
у-	away	departure ухо́д to lead away уводи́ть

Текст (Text)

Read and translate.

Поня́тие «культу́ра» обнима́ет собо́й как материа́льную, так и духо́вную сто́роны жи́зни люде́й. К пе́рвой отно́сится всё, что со́здано сами́м челове́ком, его́ трудо́м: города́, зда́ния, вся разнообра́зная окружа́ющая нас те́хника, пути́ и сре́дства сообще́ния и т.д.; ко второ́й — нау́ка, иску́сство в его́ разнообра́зных проявле́ниях, госуда́рственный и обще́ственный строй, рели́гия, кла́ссовые отноше́ния и т.д.

У́ровень культу́ры у ра́зных наро́дов неодина́ков и зави́сит от са́мых разнообра́зных причи́н: дре́вности существова́ния той или ино́й наро́дной гру́ппы, её исто́рии, приро́дных усло́вий страны́, обще́ственного стро́я. Веду́щее ме́сто в культу́ре Сове́тского Сою́за занима́ет ру́сский наро́д. Со́зданная им ру́сская национа́льная культу́ра по пра́ву занима́ет одно́ из пе́рвых мест среди́ культу́р други́х европе́йских наро́дов. Замеча́тельно бога́тый язы́к, литерату́ра, нау́ка, иску́сство давно́ получи́ли всео́бщее призна́ние как ценне́йший вклад в о́бщую культу́ру всего́ челове́чества. Имена́ выдаю́щихся ру́сских учёных, писа́телей, компози́торов по́льзуются мирово́й изве́стностью и составля́ют сла́ву и го́рдость на́шей страны́.

— С. В. Чефра́нов, **Физи́ческая геогра́фия СССР**, стр. 48.

Упражне́ния (Exercises)

A. *Dictionary practice*

a. Read and translate.

КАПИТАЛИ́ЗМ — обще́ственный строй, при кото́ром подавля́ющая ма́сса средств произво́дства нахо́дится в со́бственности немно́гих лиц — капитали́стов или объедине́ний капитали́стов, в то вре́мя как большинство́ трудя́щихся лишено́ средств произво́дства и поэ́тому вы́нуждено продава́ть свою́ рабо́чую си́лу, кото́рую капитали́сты эксплуати́руют и извлека́ют для себя́ при́быль. Капитали́зм — после́дняя обще́ственно-экономи́ческая форма́ция, осно́ванная на эксплуата́ции челове́ка челове́ком (См. Капиталисти́ческий спо́соб произво́дства, Капита́л, Основно́й экономи́ческий зако́н капитали́зма, Империали́зм).

— Кра́ткий экономи́ческий слова́рь (Москва́, 1958)

b. Identify all the *participial* forms in the passage above.

c. Read and translate.

Вопро́сы об удовлетворе́нии усло́виям на грани́цах дви́жущихся тел, а та́кже те усло́вия, кото́рые даёт для э́тих грани́ц тео́рия тепла́, остава́лись соверше́нно неиссле́дованными до появле́ния мемуа́ра Фурье́ в нача́ле 1812 г. Зате́м, в 1815 г., Пуассо́н, зна́я* уже́ рабо́ты Фурье́, предста́вил в Институ́т мемуа́р о распростране́нии тепла́ в твёрдых тела́х, а зате́м напеча́тал два мемуа́ра об э́том предме́те в 19-й тетра́ди журна́ла Политехни́ческой шко́лы.

Ме́тод, кото́рый он здесь даёт, отно́сится то́лько к уравне́ниям, содержа́щим, кро́ме вре́мени, одну́ переме́нную незави́симую.

Зате́м появи́лись снача́ла «Théorie analytique de la chaleur» Фурье́, зате́м «Théorie mathématique de la chaleur» Пуассо́на.

В после́днем сочине́нии Пуассо́н уже́ не употребля́ет того́ ме́тода, кото́рый он изложи́л в 19-й тетра́ди журна́ла Политехни́ческой шко́лы, но применя́ет друго́й ме́тод, при кото́ром вычисле́ние не́сколько про́ще, но у кото́рого зато́ есть и† свои́ недоста́тки.

При изуче́нии ме́тодов, относя́щихся к интегри́рованию при за́данных усло́виях на грани́цах, прихо́дится ограни́читься поэ́тому те́ми ча́стными слу́чаями, кото́рые до сих пор рассмо́трены, и са́мые э́ти ме́тоды рассма́тривать как сре́дство для нахожде́ния тре́буемого реше́ния, кото́рое в ка́ждом слу́чае сле́дует стро́го доказа́ть.

Мы начнём изложе́ние э́тих ме́тодов с класси́ческого приме́ра, и́менно с уравне́ния колеба́ния струны́ или продо́льных колеба́ний пру́та. (См. О не́которых дифференциа́льных уравне́ниях математи́ческой фи́зики, име́ющих приложе́ние в реше́нии техни́ческих вопро́сов, стр. 12).

B. Put each word in parentheses in the correct number and case (to agree with the past passive participle) and translate:

* **зна́я** knowing (*verbal adverb,* a form explained in the next lesson).
† **и** is often used simply for emphasis and is not translated.

1. Вы зна́ете (ме́тод), опи́санные э́тим учёным? 2. Все мо́гут чита́ть об (о́пыт), произведённых англича́нами в декабре́. 3. В э́той кни́ге есть мно́го (уравне́ние), решённых Лобаче́вским. 4. Госуда́рственные де́ятели из мно́гих стран говори́ли о междунаро́дных (пробле́ма), со́зданных борьбо́й ме́жду СССР и Герма́нией. 5. Посмо́трим (теоре́ма), дока́занные в кни́ге э́того учёного. 6. Кри́тик взял (кни́га), напи́санную молоды́м писа́телем из Сан Франци́ско и положи́л ее в ого́нь. 7. Хи́мик сам не ве́рил (результа́т), полу́ченным его́ но́вым ме́тодом. 8. Президе́нт говори́л с (лю́ди), и́збранными кандида́тами республика́нской па́ртией. 9. Кто из вас чита́л (ру́копись), на́йденную в буты́лке? 10. Несмотря́ на (изве́стие), да́нные в газе́тах, поли́ция следи́ла за жено́й знамени́того обще́ственного де́ятеля.

C. To review the four types of Russian participles, match clauses in column *a* with clauses in column *b* to produce grammatically correct and meaningful Russian sentences. Translate your results.

a	*b*
1. Отве́т на ваш вопро́с не мо́жет быть	1. принима́вших уча́стие в мятеже́.
2. Исто́рик объясни́л нам тео́рию	2. ещё не нагре́та.
3. Мы мно́го зна́ем о дре́вней Росси́и по ру́кописям,	3. производи́мых в настоя́щее вре́мя сове́тскими учёными.
4. Мне сказа́ли, что вода́ в ко́лбе	4. создава́емом коммуни́стами в Тибе́те.
5. В той же са́мой кни́ге вы найдёте имена́ госуда́рственных де́ятелей,	5. на́йден в э́той кни́ге.
6. В газе́тах пи́шут об о́пытах,	6. на́йденным исто́риками в ста́ром го́роде.
7. Мы ма́ло зна́ем о но́вом обще́ственном стро́е,	7. относя́щуюся к ру́сской дре́вности.
8. Мно́го уже́ говори́лось о ро́ли ру́сского наро́да,	8. пи́шущих о собы́тиях в Сове́тском Сою́зе.
9. Никто́ не мог поня́ть вопро́сов,	9. занима́вшего веду́щее ме́сто в борьбе́ про́тив Ги́тлера.
10. Хрущёв критику́ет писа́телей,	10. соста́вленных профе́ссором Успе́нским.

FIFTEENTH LESSON

Слова́рь (Vocabulary)

беспоко́ить (побеспоко́ить)	to disturb	отли́чный	excellent
беспоко́йство	disturbance, trouble	печа́тать (напеча́тать)	to print
во́ля	will, freedom	по́весть (f.)	short novel
допуска́ть (допусти́ть)	to permit, to allow	прекра́сный	excellent
запреща́ть (запрети́ть)	to forbid, to prohibit	прия́тный	pleasant
извиня́ть (извини́ть)	to excuse	проси́ть (попроси́ть)	to request, to beg
исключи́тель- ный	exclusive	проща́ть (прости́ть)	to forgive
кра́йний	extreme	раз	time (occasion)
кре́пкий	firm, strong	свида́ние	meeting, rendezvous
ме́ра	measure	связь (f.)	connection, tie
недоразуме́ние	misunderstanding	свя́зывать (связа́ть)	to connect, to join
оби́дный	offensive, insult- ing	сохраня́ться (сохрани́ться)	to be preserved, to be kept, to be saved
обижа́ть (оби́деть)	to offend	сочине́ние	work, composition
обраща́ть (обрати́ть)	to turn, to direct, to transform	тут	here
		уже́	already
		член	member
остально́й	remaining	что́бы	in order to, that

Associated Words

за́работок	earnings	необходи́мый	necessary, indis- pensable
зачем	why, for what		
изда́тельство	publishing house	переводи́ть (перевести́)	to translate
мир	world, peace		

молодёжь (*f.*)	young people, youth	расска́з	short story
мысль (*f.*)	thought, idea	сконча́ться	(*pf. only*) to die
неизве́стный	unknown	собра́ние	collection, meeting
неме́цкий	German (*adj.*)		

Loan Words

а́дрес	address	публикова́ть	to publish
архи́в	archives	(опубликова́ть)	
газоли́н	gasoline	те́хник	technician, craftsman
докуме́нт	document		
класси́ческий	classical	том	volume, tome
Крым	Crimea	факт	fact

Expressions for Memorization

в связи́ с (+ *instr.*)	in connection with
по отноше́нию к (+ *dat.*)	with reference to, with regard to
переводи́ть на (+ *acc.*)	to translate into
за после́днее вре́мя	recently, lately
до свида́ния	goodbye
по ме́ре того́ как	in proportion to, as
по кра́йней ме́ре	at least

Бы́ло како́е-то недоразуме́ние **в связи́ с** э́тим письмо́м.
There was some sort of misunderstanding in connection with this letter.

Как она́ себя́ ведёт **по отноше́нию к нему́**?
How does she conduct herself with regard to him?

Пастерна́к **перевёл** не́сколько пьес Шекспи́ра **на** ру́сский язы́к.
Pasternak translated several of Shakespeare's plays into Russian.

За после́днее вре́мя напеча́тали не́сколько расска́зов молодо́го а́втора.
Recently they have printed several of the young author's short stories.

— **До свида́ния**, това́рищи — сказа́л дире́ктор.
"Goodbye, comrades," said the director.

По ме́ре того́ как отноше́ния ме́жду на́шими стра́нами станови́лись лу́чше, в сове́тские университе́ты допуска́ли всё бо́льше и бо́льше америка́нских студе́нтов.
As the relations between our countries became better, more and more American students were admitted into Soviet universities.

Э́то сле́дует сде́лать **по кра́йней ме́ре** два ра́за.
This must be done at least two times.

Грамма́тика (Grammar)

15-A. Verbal Adverbs

Verbal adverbs (*gerunds*) may be present or past and they are *not declined*.

1. *Present verbal adverb.*

a. Formation. The present verbal adverb is formed by dropping **-ют, -ут, -ят, -ат** from the *third person plural* of *imperfective* verbs and adding **-я** (**-а**, if the stem ends in **ж, ч, ш, щ**).

INFINITIVE	THIRD PERSON PLURAL	VERBAL ADVERB	
говори́ть	говоря́т	говоря́	speaking
испо́льзовать	испо́льзуют	испо́льзуя	using
знать	зна́ют	зна́я	knowing
обознача́ть	обознача́ют	обознача́я	denoting
лежа́ть	лежа́т	лёжа	lying
извиня́ть	извиня́ют	извиня́я	excusing
проси́ть	про́сят	прося́	requesting

b. Use of the present verbal adverb. This is used for action co-terminous with the action of the main verb (which may be past, present, or future).

Зна́я а́томный вес ка́лия, мы мо́жем реши́ть уравне́ние.	Knowing the atomic weight of potassium, we can solve the equation.

Note: This means approximately the same as: Так как мы зна́ем а́томный вес ка́лия, мы мо́жем реши́ть уравне́ние.

Study the following examples:

Сам ничего́ не **де́лая**, дире́ктор о́чень не люби́л, когда́ други́е не рабо́тали.	While doing nothing himself, the director was very displeased when others did not work.
Сто́я о́коло две́ри, Ковалёв мог слы́шать ка́ждое сло́во.	Standing near the door, Kovalev could hear every word.
Рабо́тая в го́спитале, Серге́й зараба́тывал о́чень ма́ло.	Working in the hospital, Sergei earned very little.

2. *Past verbal adverb.*

a. Formation. The past verbal adverb is usually formed by removing the **-л** from the *masculine past* of the verb and adding **-в** or **-вши**.

INFINITIVE	MASCULINE PAST	PAST VERBAL ADVERB	
сказа́ть	сказа́л	сказа́в(ши)	having said
ко́нчить	ко́нчил	ко́нчив(ши)	having finished

The past verbal adverbs of reflexive verbs are formed by dropping **-лся** from the masculine past and adding **-вшись**.

INFINITIVE	MASCULINE PAST	PAST VERBAL ADVERB	
познако́миться	познако́мился	познако́мившись	having become acquainted

A handful of verbs form their *past* verbal adverb by adding **-я** or **-a** to the stem of the future of perfective verbs.

INFINITIVE	FUTURE STEM	PAST VERBAL ADVERB	
принести́	принес-	принеся́	having brought
придти́	прид-	придя́	having come

b. Use of the past verbal adverb. This is used for action *antedating* the action of the main verb (which may be past, present, or future).

Ко́нчив трина́дцатый уро́к, студе́нт пошёл в теа́тр.	*Having finished* the thirteenth lesson, the student went to the theater.
Переведя́ ''Га́млет'' на ру́сский язы́к, Пастерна́к на́чал рабо́тать над но́вым рома́ном.	*Having translated* ''Hamlet'' into Russian, Pasternak began to work on a new novel.

15-B. The Conditional Mood

1. To express conditions ''contrary to fact,'' the particle **бы** (or **б**) and the *past tense* of the verb are used. Note that **éсли бы** may be written **éслиб**.

Éсли бы он знал неме́цкий язы́к, мы **могли́ бы** говори́ть с ним по-неме́цки.	If he knew German, we could speak with him in German.

Note: This sentence could also be translated: ''If he *had known* German, we could *have spoken* with him in German.'' For accurate translation of such sentences, one must refer to the context in which they appear.

Éсли **бы** он запретил мне стать членом комитета, я **бы** крайне **оби́делся**.

If he had forbidden me to become a member of the committee, I would have been extremely offended. *Or:* If he *forbade* me to become a member of the committee, I *should be* extremely offended.

Note: The particle **бы** may follow any word to give that word more emphasis; **бы** is never the first word of a sentence.

2. However, if the condition is capable of fulfilment, the *indicative* tenses (*past*, *present*, and *future*) are used.

Если он **зна́ет** ру́сский язы́к, мы мо́жем с ним говори́ть по-ру́сски.

If he knows Russian, we can speak with him in Russian.

Если **напеча́тают** мою́ по́весть, я ста́ну бога́тым.

If my short novel is printed, I shall become rich.

3. In "if" clauses, the use of **éсли** *plus the infinitive* is very common.

Éсли **ве́рить** э́тому сообще́нию, мяте́жники все бежа́ли.

If one is to believe this communication, the rebels have all fled.

Éсли ему́ **написа́ть**, он придёт.

If (we) write to him, he will come.

Éсли **приня́ть** x за а́томный вес элеме́нта, y бу́дет 2,35.

If one takes x as the atomic weight of the element, y will be 2.35.

15-C. The Subjunctive Mood

1. After certain clauses connoting purpose, command, desire, fear, the subjunctive is expressed by the conjunction **что́бы** (**чтоб**) and a subordinate clause in the *past tense*. If the subject of both clauses is the same, the *infinitive* is used in the subordinate clause.

Я э́то объясню́, **что́бы** не́ было недоразуме́ния.

I shall explain this, so that there will be no misunderstanding.

Го́рький хоте́л, **что́бы** сочине́ния э́того замеча́тельного а́втора бы́ли напеча́таны.

Gorky wanted the works of this remarkable author to be printed.

Я хочу́, **что́бы** вы чита́ли ме́дленно.	I want you to read slowly.
Он мне дал кни́гу, **что́бы** я её чита́л.	He gave me the book *so that* I would read it.
Мы пое́хали в СССР, **что́бы** научи́ться ру́сскому языку́.	We went to the U.S.S.R. *in order to* study Russian.

2. The subjunctive is also used in clauses involving *whoever, whatever, whenever, wherever*. These words are rendered by interrogative pronouns, adjectives, or adverbs followed by **бы** and the particle **ни**. Note that **ни** does not convey a negative meaning here.

Кто бы э́тот челове́к **ни** был, я его́ никогда́ не встреча́л.	Whoever this person is (*or* may have been *or* may be), I never met him.
Что бы Ива́н **ни** сказа́л, он всегда́ всех обижа́ет.	Whatever John says, he always offends everyone.
Каки́м бы аппара́том он **ни** по́льзовался, он не мог преврати́ть во́ду в газоли́н.	Whatever apparatus he used, he was unable to transform water into gasoline.

15-D. Reciprocal Pronouns

1. *One another* is rendered by **друг дру́га**. Only the second **друг** is declined.

Вы зна́ете **друг дру́га**?	Do you know one another?
Леони́д и Та́ня ду́мали **друг о дру́ге**.	Leonid and Tanya thought about each other.
Учёные всего́ ми́ра зави́сят **друг от дру́га**.	Scientists of the whole world depend upon one another.
Результа́ты пе́рвого о́пыта и второ́го о́пыта не свя́заны **друг с дру́гом**.	The results of the first experiment and those of the second are not connected with each other.

15-E. Declension of Surnames

1. Russian surnames are *declined*. It is important that the reader be able to reconstruct the *nominative form* in order to identify correctly the person mentioned.

2. Surnames that have adjectival endings are declined as adjectives.

	MR.	MRS. *or* MISS	THE DOSTOEVSKYS
nom.	Достоévский	Достоévская	Достоévские
gen.	Достоévского	Достоévской	Достоévских
dat.	Достоévскому	Достоévской	Достоévским
acc.	Достоévского	Достоévскую	Достоévских
instr.	Достоévским	Достоévской	Достоévскими
prep.	Достоévском	Достоévской	Достоévских

Эта мáленькая кнѝга былá напѝсана **Достоévской** о мýже.

This small book was written by Mrs. Dostoevsky about her husband.

Тургéнев чáсто встречáлся с **Достоévским** когдá онѝ бы́ли в Еврóпе.

Turgenev often met Dostoevsky when they were in Europe.

3. Surnames ending in **-ов, -ев, -ин, -ын** in the masculine, end in **-ова, -ева, -ина, -ына** in the feminine and in **-овы, -евы, -ины, ыны** in the plural. They are actually relative (or possessive) adjectives and are declined as follows:

	MR.	MRS. *or* MISS	THE IVANOVS
nom.	Ивáнов	Ивáнова	Ивáновы
gen.	Ивáнова	Ивáновой	Ивáновых
dat.	Ивáнову	Ивáновой	Ивáновым
acc.	Ивáнова	Ивáнову (!)	Ивáновых
instr.	Ивáновым (!)	Ивáновой	Ивáновыми
prep.	Ивáнове	Ивáновой	Ивáновых

Исслéдование бы́ло произведенó **Ивáновой** в лаборатóрии э́того институ́та.

The research was carried out by (Mrs.—Miss) Ivanov in the laboratory of this institute.

Мы бýдем читáть нéсколько ромáнов **Тургéнева** и **Толстóго**

We shall read several novels of Turgenev and Tolstoy.

15-F. Collective Numerals

The collective numerals **двóе** (2), **трóе** (3), **чéтверо** (4), **пя́теро** (5), **шéстеро** (6), **сéмеро** (7) and others are sometimes employed with *animate masculine nouns* or with *personal pronouns*. One also sees them used with the word **дéти** *children*. When in the nominative or accusative, these collective numerals are used with the *genitive plural*.

У меня́ **чéтверо детéй**.

I have four children.

Их бы́ло **трóе**.

There were three of them.

Once acquainted with the existence of collective numerals and their nominative and accusative forms, the student should have little difficulty in recognizing them in other cases.

Вам **четверы́м** я расскажу́ о своём пла́не.	I will tell *the four* of you about my plan.

Текст (Text)

Read and translate.

ПИСЬМО́ А. М. ГО́РЬКОГО А. Б. ХАЛА́ТОВУ

В архи́ве чле́на редколле́гии[1] журна́ла «Кра́сная Новь»[2] В. Н. Василе́вского (сконча́лся в 1957— году́) сохрани́лось мно́го интере́сных докуме́нтов, свя́занных с исто́рией сове́тской литерату́ры. Мы публику́ем неизве́стное письмо́ А. М. Го́рького к А. Б. Хала́тову.

Дорого́й Арте́мий Багра́тович!

Извини́те, что сно́ва беспоко́ю Вас. Необходи́мо обрати́ть Ва́ше внима́ние на глубо́кую несправедли́вость,[3] допуска́емую ке́м-то по отноше́нию к прекра́сному писа́телю Серге́еву-Це́нскому.

Его́ по́вести, его́ рома́н печа́таются в «Но́вом Ми́ре», расска́з в «Кра́сной Ни́ве»,[4] рома́н «Во́ля» и́здан Госизда́том.[5] Он превосхо́дный[6] те́хник, и литерату́рная молодёжь должна́ учи́ться по его́ кни́гам.

Но вот изда́тельство «Мысль» хоте́ло изда́ть собра́ние его́ сочине́ний, изда́ло уже́ оди́н том, а остальны́е кто-то запрети́л издава́ть. Почему́?

Если э́то — нача́ло борьбы́ с «ча́стником»[7] и Госизда́т сам хо́чет изда́ть це́нные кни́ги — я понима́ю. Но — так ли? Нет ли тут недоразуме́ния, кра́йне оби́дного для а́втора?

И, зате́м, как все писа́тели, он живёт исключи́тельно на свой литерату́рный за́работок. Заче́м обижа́ть поле́зного и це́нного челове́ка, кото́рый уже́ почти́ 25 лет рабо́тает, переведён на европе́йские языки́?

---

[1] **редколле́гия** (**редакцио́нная колле́гия**) editorial board
[2] **«Кра́сная Новь»** ''Red Virgin Soil,'' a Soviet literary periodical
[3] **несправедли́вость** injustice
[4] **«Кра́сная Ни́ва»** ''Red Field,'' a Soviet literary periodical
[5] **Госизда́т** (**Госуда́рственное Изда́тельство**) State Publishing House
[6] **превосхо́дный** superior, topnotch
[7] **ча́стник** *owner of private business* or *shop*. This letter was written on the eve of Stalin's first Five-year Plan, which wiped out the independent businessmen who had come into existence during the N.E.P. period (1922–1928).

Óчень прошу́ Вас, А. Б., обрати́те внима́ние на э́тот факт. Бы́ло бы кра́йне прия́тно ви́деть Це́нского напеча́танным в Госизда́те так отли́чно, как напеча́тается Ма́мин-Сибиря́к, наприме́р.

Адрес Серге́ева-Це́нского: Крым, Алу́шта.

Прости́те за беспоко́йство.

До свида́ния. Кре́пко жму[8] ру́ку.

А. Пешко́в[9]

30.XII.27г.
Сорренто

Упражне́ния (Exercises)

A. *Dictionary practice*

ПОЧЕМУ́ ВРÉДНО КУРИ́ТЬ*

Куре́ние табака́ — широко́ распространённая вре́дная привы́чка. Так же как и алкого́ль, таба́к разруша́ет здоро́вье, понижа́ет работоспосо́бность, сокраща́ет жизнь. Что́бы вести́ борьбу́ с о́чень распространённым потребле́нием табака́, ка́ждый культу́рный челове́к до́лжен знать, в чём заключа́ется вред куре́ния и что ну́жно де́лать для того́, что́бы бро́сить кури́ть. На́до та́кже знать причи́ны распростране́ния куре́ния и исто́ки оши́бочных взгля́дов на я́кобы поле́зные сво́йства табака́, что́бы на основа́нии то́чно устано́вленных нау́кой фа́ктов вести́ широ́кую пропага́нду за прекраще́ние куре́ния, за усиле́ние обще́ственной борьбы́ с э́тим злом.

B. Match the phrases or clauses in column *a* with those in column *b* to obtain correct and meaningful Russian sentences. Translate the sentences.

a	*b*
1. Обрати́в внима́ние студе́нтов на оши́бки в те́ксте,	1. Фёдор пое́хал рабо́тать в Ташке́нте.
2. Допусти́в таки́е оши́бки,	2. профе́ссор закры́л кни́гу.
3. Печа́таясь в ра́зных журна́лах,	3. мы понима́ем значе́ние глубо́кого зна́ния хими́ческих проце́ссов.

---

[8] **жму** first person singular of **жать** *to press*
[9] Maxim Gorky was the pseudonym of A. M. Peshkov (1868–1936)
* Дóктор медици́нских нау́к К. С. Косяко́в, **Почему́ вре́дно кури́ть**.

4. Издáв нóвое собрáние сочинéний Толстóго,

5. Прося́ женý извинúть егó,

6. Уча́сь по кни́гам Кáрла Мáркса,

7. Производя́ таки́е óпыты в лаборатóрии,

8. Не найдя́ рабóты в Москвé,

9. Прожи́в стóлько лет в Аля́ске,

10. Оби́дев генерáла,

4. дирéктор получи́л плохýю репутáцию.

5. Госиздáт готóвит собрáние расскáзов Гóрького.

6. онá нахóдит, что зимá здесь не óчень холóдная.

7. муж ей объясни́л, что товáрищи попроси́ли егó пить вóдку.

8. бéдный солдáт всю ночь не мог спать.

9. мы получáем коммунисти́ческое представлéние об истóрии.

10. э́ти пóвести и расскáзы дéлают áвтора знамени́тым человéком.

C. Fill in the blanks with **éсли бы** or **éсли**, as required by the meaning of each sentence, and translate the completed sentence.

1. «Бы́ло бы прекрáсно, ——— студéнты могли́ сообщáть друг дрýгу отвéты на экзáменах»,* — дýмал Олéг, смотря́ на трýдные вопрóсы. 2. Что дéлать ——— муж и женá не понимáют друг дрýга? 3. Что бы Достоéвский подýмал, ——— он уви́дел америкáнский фильм† «The Brothers Karamazov»? 4. ——— мы говори́ли друг с дрýгом тóлько по-рýсски, э́тот язы́к станови́лся бы всё лéгче и лéгче для нас. 5. «——— вы бýдете обращáть бóльше внимáния на граммáтику, вам не бýдет так трýдно», сказáл профéссор. 6. ——— мы могли́ повéрить э́тому сообщéнию, мы бы уéхали во Владивостóк. 7. ——— Фетукóва не беспокóила нас так чáсто, мы бы не перевели́ её ромáна на англи́йский язы́к.

D. Complete each sentence with the appropriate word or words from the following list and translate the completed sentences.

члéны редколлéгии, э́тот студéнт, прави́тельство, женá дирéктора, Гóрький, президéнт, большýю кóлбу, мáленький профéссор

1. ——— хóчет, чтóбы большинствó грáждан принадлежáло к егó пáртии. 2. ——— хотéл, чтóбы Сергéев-Цéнский мог

---

* **экзáмен** examination.

† **фильм** motion picture, film.

жить на свой литературный заработок. 3. «Я буду читать медленно, чтобы вы могли понять каждое слово», сказал _____. 4. Скажите, чтобы мне принесли _____. 5. С кем бы ни говорила _____, никто не знал, где её муж. 6. В каком бы университете он ни учился, _____ отлично работал. 7. _____ решило, чтобы первого января все банки были закрыты. 8. Необходимо, чтобы _____ обратили внимание на слова известного писателя.

E. *Review of Participles.* Translate the following passages, which have been taken from contemporary Soviet sources. Identify all participial forms (present or past, active or passive). Note that some sentences contain several participial forms.

1. Отдельные писатели проявили непонимание новых процессов, происходящих в нашей жизни.

2. Какие неисчерпаемые возможности для преодоления трудностей и достижения выдающихся успехов заложены в социалистической системе хозяйства!

3. Отжившее, старое надо ломать!

4. Люди, оторвавшиеся от жизни, от интересов народа, способны нанести непоправимый ущерб интересам народа.

5. План разработан с учётом достигнутого нами высокого уровня общественного производства.

6. Наша страна идёт по указанному Лениным пути.

7. Мы готовим молодых специалистов, хорошо владеющих современными научными знаниями и умеющих приложить их к практике на благо народа.

8. Почему советские книготоргующие организации устанавливают заниженные тиражи учебников?

9. Июньский пленум Центрального Комитета разоблачил и идейно разгромил антипартийную группу Маленкова, Кагановича, Молотова и примкнувшего к ним Шепилова, выступавших против ленинского курса, намеченного XX съездом партии.

10. Наши писатели и художники должны преодолеть устаревшие представления о наших людях.

11. Вместе с тем в работе были использованы недостаточно надёжные данные для определения числовых параметров в предлагаемых схемах (критическое число Ричардсона на основе данных Свердрупа было ошибочно принято равным 1/11), что сделало невозможным непосредственное использование полученных в этой работе формул для практических расчётов.

Шестна́дцатый Уро́к

SIXTEENTH LESSON

Слова́рь (Vocabulary)

бу́ква	letter (*alphabet*)	не́который	a certain, some
величина́	value, quantity, size	о́зеро	lake
		очеви́дный	evident, obvious
выраже́ние	expression	пове́рхность (*f.*)	surface
де́йствовать (подде́йствовать)	to act, to work	подо́бный	like, similar
		предполага́ть (предположи́ть)	to suppose, to propose
длина́	length		
есте́ственный	natural	простра́нство	space
же	and, but (*or for emphasis*)	прямо́й	straight
		рису́нок (рис.)	figure (Fig.)
крива́я (*noun*)	curve	сра́зу	at once
криво́й	curved	те́ло	body
Луна́	Moon	тогда́	then, at that time
любо́й	any (you like), whichever	то́чка	point
		то́чность (*f.*)	accuracy, exactness
наоборо́т	on the contrary		
небе́сный	celestial	число́	number

Associated Words

вокру́г (+ *gen.*)	around	постоя́нный	constant
всеми́рный	universal	прира́внивать (приравня́ть)	to equate, to equalize
высота́	height		
вышина́	height	противополо́жный	opposite
глубина́	depth		
движе́ние	movement, motion	равнове́сие	equilibrium
		ра́вный	equal
запи́сываться (записа́ться)	to note down	рассма́тривать (рассмотре́ть)	to examine, to inspect

142

земно́й	terrestrial, earth	расстоя́ние	distance
иску́сственный	artificial	снача́ла	at first, to begin with
ита́к	consequently, and so	сообща́ть (сообщи́ть)	to communicate
круговой	circular		
межпланéтный	interplanetary	стро́ить (постро́ить)	to construct, to build
направлéние	direction		
означа́ть (озна́чить)	to denote, designate	улета́ть (улетéть)	to fly away
окру́жность (f.)	circumference	управля́ть (упра́вить)	to direct, to manage
отвеча́ть (отвéтить)	to answer	ширина́	width
отку́да	whence		

Loan Words

горизонта́льный	horizontal	табли́ца	table
ио́н	ion	танк	tank
метр	meter	траекто́рия	trajectory
орби́та	orbit	фо́рма	form
периоди́ческий	periodic	фронт	front
ра́диус	radius	фут	foot
структу́ра	structure	экза́мен	examination

Expressions for Memorization

представля́ть себé	to imagine
в то́чности	exactly
ни . . . ни . . .	neither . . . nor . . .
своди́ться к (+ dat.)	to be reduced to, to come down to
в су́щности	in essence, actually
поско́льку . . . (посто́льку . . .)	inasmuch as . . .

« Тру́дно **предста́вить себé** жизнь без музéев », сказа́л ста́рый акадéмик.
"It's hard to imagine life without museums," said the old academician.

В Пари́же никто́ не знал **в то́чности**, где фронт.
In Paris no one knew exactly where the front was.

Ни Э́дисон, **ни** Эйнштéйн не ви́дели нóвого небéсного тéла, постро́енного человéком — иску́сственного спу́тника земли́.
Neither Edison nor Einstein saw the new heavenly body made by man—the artificial earth satellite.

Все э́ти уравнéния **своди́тся к** слéдующей просто́й фóрмуле: $a + b = c$
All these equations come down to the following simple formula: $a + b = c$

В су́щности, э́то два ви́да тóго же са́мого элемéнта.
Actually these are two forms of the same element.

Поско́льку Трофи́мов не пока́зывал мне свое́й рабо́ты, (посто́льку) я за неё не отвеча́ю.

Inasmuch as Trofimov did not show me his work, I am not responsible (*lit.* do not answer) for it.

Грамма́тика (Grammar)

16-A. То, что: *that, which, what*

This linking element is widely used and appears in a variety of forms, depending on the case required for either of the members in its own clause.

То, что он чита́ет, не интере́сно.	That which he is reading is not interesting.
Он не знал **того́, что** ему́ на́до бы́ло знать.	He didn't know what he should have known.
Мы не ве́рили **тому́, что** он нам сказа́л.	We didn't believe what he told us.
Он всегда́ конча́ет **то, что** он начина́ет.	He always finishes what he begins.
Он ча́сто по́льзовался **тем, что** он находи́л на столе́.	He often used what he found on the table.
Де́ло в **том, что** он стар.	The fact of the matter is that he is old.
Он писа́л мне о **том, что** вы ра́ньше мне написа́ли.	He wrote to me about that which you had written me earlier.
Я говорю́ о **том, чем** вы по́льзовались для о́пыта.	I'm talking about what you used for the experiment.

16-B. Measurements

The words for *length* (**длина́**), *width* (**ширина́**), *height* (**вышина́**), and *depth* (**глубина́**) are used in the *instrumental* when indicating measurement in units.

Пол ширино́й в де́сять фу́тов.	A floor ten feet wide (*lit.* a floor with a width to ten feet).
Но́вый автомоби́ль **длино́й** в два́дцать фу́тов.	A new automobile twenty feet long.
О́зеро **глубино́й** в две́сти фу́тов.	A lake two hundred feet deep.
Зда́ние **вышино́й** в две́сти ме́тров.	A building two hundred meters high.

Note: This formula is *not* changed if the object described is in an oblique case.

Мы летéли над óзером дли- нóй в шестьсóт миль.	We were flying over a lake six hundred miles long.

16-C. Adjectives Used as Nouns

The following adjectives often function as nouns. They are, of course, declined as adjectives. Each reader should learn to recognize those words in this list which he is likely to encounter when reading within his own discipline.

больнóй	a sick person, patient
вселéнная	the universe
дáнные	data (Note that it is plural.)
касáтельная (лѝния)	a tangent
крáтное (числó)	a multiple
кривáя (лѝния)	a curve
постоя́нная (величинá)	a constant
прямáя (лѝния)	a straight line
рабóчий	a worker
рýсский	a Russian
слýжащий	an employee
учёный	a scholar, scientist
цéлое (числó)	an integer

Examples:

Скóлько **рабóчих** на э́той фáбрике?	How many workers are there at this factory?
Математик провёл **прямýю** от тóчки A до тóчки Б.	The mathematician drew a straight line from point *A* to point *B*.
Когдá увѝдят нóвое небéсное тéло в нáшей **вселéнной**?	When will they see a new celestial body in our universe?

16-D. По Meaning *each*

The preposition **по** is used, as demonstrated by the following examples, to render the meaning of *each* or *apiece*.

Профéссор нам дал **по** две кнѝги.	The professor gave us two books each.
У них **по** девятѝ студéнтов.	They have nine students each.

Капнталист дал каждому служащему **по** пяти долларов.	The capitalist gave the employees five dollars apiece (*lit.* gave each worker five dollars).

16-E. Subordinate Clauses Introduced by Temporal Expressions

These can cause difficulty to the reader if he attempts too literal a translation. The most widely used constructions are:

перед тем, как	before (*immediately before*)
до того, как	before
после того как	after
как только	as soon as
до тех пор, пока . . . не	until (*Note:* In this construction the **не** has no negative meaning.)
раньше чем	before

Перед тем, как вы уйдёте, закройте дверь.	Before you leave, close the door.
Я всё сделал **до того, как** он пришёл.	I did everything before he arrived.
Менделеев стал одним из самых знаменитых учёных мира **после того как** он открыл периодический закон химических элементов.	Mendeleev became one of the world's most famous scientists after he discovered the periodic law of chemical elements.
Как только первый советский танк был построен, направили его на фронт.	As soon as the first Soviet tank was built, it was sent to the front.
Он никогда не поймёт химии **до тех пор, пока** он сам **не** произведёт опытов.	He will never understand chemistry until he himself conducts experiments.

Note the use of the *infinitive* in similar constructions:

Раньше чем говорить о мире, мы должны установить дружественные отношения.	Before speaking about peace, we must establish friendly relations.
Надо хорошо учиться химии **до того, как** производить такие опыты.	One must study chemistry well before conducting such experiments.

Пе́ред тем, как объясни́ть тео́рию, я хочу́ сказа́ть не́сколько слов о ва́шей рабо́те.	Before explaining the theory, I want to say a few words about your work.

Текст (Text)

Read and translate.

The following text is presented with full knowledge that the subject matter is specialized. However, much of the vocabulary is applicable to a wider range of subjects, and the grammatical niceties are of general interest.

ИСКУ́ССТВЕННЫЕ СПУ́ТНИКИ ЗЕМЛИ́

Иску́сственный спу́тник Земли́ есть постро́енное челове́ком но́вое небе́сное те́ло, дви́жущееся вокру́г Земли́ подо́бно её есте́ственному спу́тнику — Луне́.

Зако́ны, управля́ющие движе́нием иску́сственного спу́тника, о́чень просты́.

Изве́стно, что на любо́е небе́сное те́ло (в том числе́ и на иску́сственный спу́тник), дви́жущееся по не́которой криво́й траекто́рии, де́йствуют две си́лы: си́ла всеми́рного тяготе́ния[1] (по зако́ну Ньюто́на) и центробе́жная[2] си́ла. Изве́стно та́кже, что величина́ си́лы всеми́рного тяготе́ния зави́сит от масс притя́гивающихся[3] тел (в на́шем слу́чае — Земли́ и иску́сственного спу́тника) и расстоя́ния ме́жду их це́нтрами. Зако́н Ньюто́на запи́сывается в ви́де фо́рмулы

$$F_\text{т} = \frac{GMm}{a^2} \tag{1}$$

В э́той фо́рмуле разли́чные бу́квы име́ют сле́дующие значе́ния: $F_\text{т}$—си́ла всеми́рного тяготе́ния, G—постоя́нная тяготе́ния Ньюто́на, M—ма́сса Земли́, m—ма́сса спу́тника, a—расстоя́ние ме́жду спу́тником и це́нтром Земли́.

Рассмо́трим тепе́рь другу́ю си́лу, де́йствующую на иску́сственный спу́тник Земли́, — центробе́жную си́лу. Эта си́ла зави́сит от ско́рости те́ла и фо́рмы траекто́рии. Предположи́м снача́ла, что спу́тник дви́жется по окру́жности с це́нтром в це́нтре Земли́. Тогда́ центробе́жная си́ла $F_\text{ц}$ равна́

$$F_\text{ц} = \frac{mv^2}{a} \tag{2}$$

[1] **тяготе́ние** gravity
[2] **центробе́жный** centrifugal
[3] **притя́гивающийся** (**притя́гивать—притяну́ть**) to attract

где *m* и *a* означают то же, что и ра́ньше, а *v*—ско́рость спу́тника. Тепе́рь мы зна́ем величи́ны сил, де́йствующих на спу́тника. Как же они́ напра́влены? Си́ла всеми́рного тяготе́ния напра́влена к Земле́, центробе́жная си́ла напра́влена, наоборо́т, пря́мо от Земли́. Как мо́жно предста́вить себе́ созда́ние иску́сственного спу́тника? Сообщи́м не́которому те́лу в горизонта́льном направле́нии таку́ю ско́рость, что́бы си́ла земно́го притяже́ния[4] в то́чности равня́лась центробе́жной си́ле, де́йствующей на э́то те́ло. Тогда́ на́ше те́ло не смо́жет ни упа́сть на Зе́млю, ни улете́ть от неё. Так как о́бе си́лы равны́ друг дру́гу, но де́йствуют в противополо́жные сто́роны, то на́ше небе́сное те́ло бу́дет всё вре́мя как бы находи́ться в равнове́сии, дви́гаясь над Землёй на одно́й и той же высоте́, т.е. те́ло бу́дет опи́сывать вокру́г Земли́ окру́жность с ра́диусом $a = R + H$, где R—ра́диус Земли́, а H—высота́ те́ла над пове́рхностью Земли́ (рис. 1). Таки́м о́бразом, те́ло преврати́тся в иску́сственный спу́тник.

СПУ́ТНИК ЗЕМЛИ́

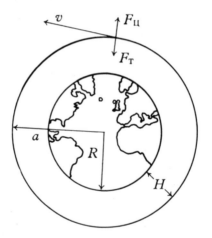

орби́та спу́тника

Рис. 1. Кругова́я орби́та иску́сственного спу́тника Земли́.

Найдём тепе́рь величину́ ско́рости, кото́рую ну́жно сообщи́ть те́лу для того́, что́бы оно́ ста́ло дви́гаться вокру́г Земли́ по кругово́й орби́те (орби́той называ́ется за́мкнутая[5] крива́я,

---

[4] **притяже́ние** attraction
[5] **замыка́ть-замкну́ть** *to close*

кото́рую одно́ небе́сное те́ло опи́сывает вокру́г друго́го притя́ги-
вающего те́ла), не па́дая на земну́ю пове́рхность и не улета́я в
межпланéтное простра́нство.

Для э́того, очеви́дно, ну́жно $F_{\text{т}}$ приравня́ть $F_{\text{ц}}$. Испо́льзуя
выраже́ния (1) и (2) для $F_{\text{т}}$ и $F_{\text{ц}}$, нахо́дим:

$$\frac{mv^2}{a} = \frac{GMm}{a^2} \tag{3}$$

отку́да, сокраща́я[6] на m и на a и извлека́я[7] квадра́тный ко́рень,[8]
получа́ем:

$$v = \sqrt{\frac{GM}{a}} \quad = \sqrt{\frac{GM}{R+H}} \tag{4}$$

Ита́к, е́сли мы зна́ем высоту́ спу́тника H, то мо́жем сра́зу по
фо́рмуле (4) найти́ кругову́ю ско́рость, т.е. ско́рость, кото́рую
ну́жно сообщи́ть спу́тнику, что́бы он дви́гался вокру́г Земли́ на
одно́й и той же высоте́ H.

Упражне́ния (Exercises)

A. *Dictionary practice*

Кры́мская война́ 1853–56. Кры́мская война́ сыгра́ла огро́м-
ную роль во вну́тренней исто́рии Росси́и и в измене́нии её междуна-
ро́дного положе́ния в 19 в.* Но́вую войну́ для реше́ния восто́ч-
ного вопро́са Никола́й 1 предви́дел и стал гото́виться к ней сра́зу
по́сле пораже́ния револю́ции 1848. Сове́тским исто́рикам
(рабо́ты акад. Е. В. Та́рле, «Исто́рия диплома́тии» под ред.
В. П. Потёмкина) удало́сь убеди́тельно доказа́ть, что не ме́нее
отве́тственной за развя́зывание войны́ на Бли́жнем Восто́ке и
превраще́ние Ру́сско-туре́цкой войны́ в общеевропе́йскую была́
англи́йская и францу́зская диплома́тия. Никола́й 1 мечта́л о
подчине́нии Ту́рции и приобрете́нии но́вых владе́ний на Балка́н-
ском полуо́строве и в райо́не Босфо́ра и Дардане́лл. Англо-
францу́зские проти́вники никола́евской Росси́и обсужда́ли
пла́ны по́лного вытесне́ния её с Бли́жнего Восто́ка и из райо́на
Чёрного мо́ря, прое́кты отторже́ния от Росси́и Кавка́за, Кры́ма,
ю́го-за́падной Украи́ны, Белору́ссии, Литвы́, По́льши и Финля́н-
дии.

---

[6] **сокраща́ть-сократи́ть** to reduce, to abbreviate, to shorten
[7] **извлека́ть-извле́чь** to extract, is derive
[8] **квадра́тный ко́рень** square root
* **в.** (*nom. sing.* век) century.

Попы́тка Никола́я 1 прямы́м дипломати́ч. нажи́мом пону́дить султа́нскую Ту́рцию к усту́пкам оказа́лась безуспе́шной. Для обеспе́чения удовлетворе́ния свои́х тре́бований Никола́й 1 за́нял ру́сскими войска́ми в ию́не 1853 Молда́вию и Вала́хию. В октябре́ туре́цкие войска́ перешли́ в наступле́ние. В отве́т Никола́й 1 объяви́л войну́ Ту́рции.

— Больша́я сове́тская энциклопе́дия (1947)

B. Make correct Russian sentences by matching the appropriate constructions in column *b* with each word or group of words in column *a*. Translate your results.

a	*b*
1. Что оте́ц ду́мает о	9. тому́, что писа́ли това́рищи му́жа.
2. Результа́ты о́пыта зави́сят от	10. тем, что все спа́ли, аге́нт вошёл в лаборато́рию.
3. Несмотря́ на	11. том, что Луи́за лю́бит америка́нца?
4. Жена́ э́то зна́ла по	12. того́, что вы мне сказа́ли вчера́?
5. Дире́ктор отвеча́ет за	13. том, что студе́нты иногда́ шумя́т.
6. По́льзуясь	14. то, что Пётр жил три го́да в Ло́ндоне, он пло́хо понима́ет по-англи́йски.
7. Я ничего́ плохо́го не ви́жу в	15. того́, как мы его́ произво́дим.
8. Вы не по́мните	16. то, что де́лается в институ́те.

C. *Review of participles and verbal adverbs.* Identify verbal adverbs (present or past) and participles (present or past, active or passive) in the following sentences and translate the sentences.

1. О́гненный шар бы́стро поднима́ется вверх, увели́чиваясь в свои́х разме́рах.

2. Образу́ется столб пы́ли и ды́ма, по́днятых с земли́.

3. При э́том чем вы́ше температу́ра, тем вы́ше расположена́ соотве́тствующая э́той температу́ре изоте́рма.

4. В тече́ние вре́мени существова́ния рассма́триваемой систе́мы, свойства её не отлича́ются от свойств обы́чных я́дер, находя́щихся в си́льно возбуждённых состоя́ниях.

5. Испыта́в одно́ столкнове́ние и потеря́в часть свое́й эне́ргии, части́ца мо́жет вы́йти из ядра́, не образова́в составно́го ядра́ и измени́в, возмо́жно, лишь свою́ приро́ду.

6. У вас есть спи́сок ру́сских сокраще́ний, применя́емых в СССР?

7. Молода́я вдова́ проявля́ет по́лное равноду́шие ко всему́ окружа́ющему.

8. "На́ши инжене́ры, подгото́вленные сове́тской вы́сшей шко́лой, дости́гли мирово́го пе́рвенства на реша́ющих направле́ниях разви́тия нау́ки и те́хники," сказа́л това́рищ Елю́тин.

9. Переходя́ у́лицу, обраща́йте внима́ние на движе́ние маши́н!

10. Мы отдаём себе́ отчёт о том, что стоя́щая пе́ред на́ми зада́ча велика́ и сложна́.

11. Начина́я с 60 киломе́тров, удало́сь обнару́жить положи́тельные и отрица́тельные ио́ны, а с высоты́ 70 киломе́тров — свобо́дные электро́ны.

12. Сра́внивая весовы́е отноше́ния одина́ковых объёмов како́го-либо га́за и водоро́да и счита́я молекуля́рный вес водоро́да ра́вным 2, фо́рмулу (1) мо́жно записа́ть так:

$$\frac{NM}{NM_1} = \frac{M}{2}.$$

13. По видоизменённому ме́тоду Ре́йнско-Вестфа́льской компа́нии ана́лиз прово́дят в раство́рах соле́й, где равнове́сное состоя́ние ме́жду образу́ющимися оса́дками ази́да серебра́ и при́месей, с одно́й сто́роны, и концентра́циями раство́ренных соле́й, — с друго́й, не изу́чено (ме́тод Фольга́рда).

14. Тако́го ро́да иссле́дование бы́ло на́чато одни́м из нас при изуче́нии амила́зы, а зате́м продо́лжено на́ми в предыду́щей рабо́те по си́нтезу о́бщего белка́ в цитоплазмати́ческих гра́нулах.

TABLES

Table 1. Declensional Endings of Nouns

Case	Singular			Plural		
	m.	*n.*	*f.*	*m.*	*n.*	*f.*
nom.	ø/й/ь	о/е	а/я/ь	ы/и (á/я́)	а/я	ы/и
gen.	а/я	а/я	ы/и	ов/ев(ёв)/ей	ø/ей/й	ø/ь/ей/й
dat.	у/ю	у/ю	е/и	ам/ям	ам/ям	ам/ям
acc.	Like *nom.* or *gen.*	Like *nom.*	у/ю/ь	Like *nom.* or *gen.*	Like *nom.*	Like *nom.* or *gen.*
instr.	ом/ем	ом/ем	ой/ей/ью (ою/ею)	ами/ями	ами/ями	ами/ями (ьми)
prep.	е/и (ý/ю́)	е/и	е/и	ах/ях	ах/ях	ах/ях

ø indicates a "zero" ending.

Table 2. Declensional Endings of Adjectives

Case	Singular			Plural
	m.	*n.*	*f.*	for all genders
nom.	ый/ий/óй	ое/ее	ая/яя	ые/ие
gen.	ого/его	ого/его	ой/ей	ых/их
dat	ому/ему	ому/ему	ой/ей	ым/им
acc.	Like *nom.* or *gen.*	Like *nom.*	ую/юю	Like *nom.* or *gen.*
instr.	ым/им	ым/им	ой/ей (ою/ею)	ыми/ими
prep.	ом/ем	ом/ем	ой/ей	ых/их

152

Table 3. Prepositions and Requisite Cases

Cases	Russian	English
Genitive	без (бéзо)	without
	близ	near
	вдоль	along
	вмéсто	instead of
	вне	outside
	внутри́	inside
	вóзле	alongside
	вокрýг	around
	для	for (the sake of)
	до	up to, until
	из (и́зо)	out of, from, from out of, of
	из-за	from behind, because of
	из-под	from under
	крóме	besides, except
	кругóм	around
	ми́мо	past
	óколо	around, near
	от (ото)	away from, from
	пóдле	alongside, near
	позади́	behind
	пóсле	after
	посреди́	among
	прóтив	against
	рáди	for the sake of
	с(со)	from, off, from off of, since
	сверх	over
	среди́	among
	у	by, at, near, next to, at the house of, among, in the country of, in
Dative	вопреки́	despite, contrary to
	к(о)	towards, to
	по	along, over, according to, on
Accusative	в(о)	into, in, to
	за	for
	на	onto, to, on, for (*duration of time*)
	о(об) (обо)	against
	по	up to
	под(о)	under
	про	about
	с(о)	about, approximately
	сквозь	through
	чéрез	across, over, through, by

Cases	Russian	English
Instrumental	за	behind, beyond, after (to follow); for (to go for)
	мéжду	between, among
	над(о)	over, above, upon
	пéред(о)	in front of, before
	под(о)	under, near
	с(о)	with, along with, in the company of
Prepositional	в(о)	in
	на	on, in
	о(об) (обо)	about
	по	after
	при	in the presence of, during the time of

APPENDIX

Appendix A. Spelling Rules

1. Owing to rules of spelling, certain consonant-vowel combinations do not appear. Knowledge of the following rules will explain what seem to be irregularities in declensions and conjugations.

a. After **г, к, х, ж, ч, ш, щ, ц** the letters **ю** and **я** cannot appear. If the declension or conjugation appears to require them, they are replaced by **y** and **a** respectively.

b. After **г, к, х, ж, ч, ш, щ** the letter **ы** cannot appear. It is replaced by **и**.

c. After **ц** the letter **и** cannot appear (except in words of foreign origin).

d. After the letters **ж, ч, ш, щ, ц** an *unaccented* **o** cannot appear. It is replaced by **e**.

2. The spelling rules given above can be summarized by the following chart, with the sign > meaning "is replaced by."

unaccented
o > e

г
к
х
ж
ч
ш
щ
ц

ю > y
я > a

ы > и

See 1, c, above

Appendix B.   Irregular Case Endings

1. *Masculine genitive* in **-y (-ю)**.

a. This is often encountered when the *genitive* of a noun denoting divisible matter is used in a partitive sense.

ча́шка ча́ю	a cup of tea
ма́ло наро́ду	a few people
фунт са́хару	a pound of sugar

b. This found in some fixed expressions with no implication of partition.

о́т роду	from birth
и́з дому	out of the house

2. *Masculine prepositional* in **-ý (-ю́)** after **в** and **на**.
a. These endings are always accented.

в саду́	in the garden
на мосту́	on the bridge
в э́том году́	this year
на полу́	on the floor
в углу́	in the corner
на краю́	on the edge
в лесу́	in the forest
в виду́	in view

3. The *genitive plural* of the following common nouns is the *same* as the *nominative singular*:

глаз	eye	без глаз	eyeless
раз	time	не́сколько раз	several times
солда́т	soldier	семь солда́т	seven soldiers
челове́к	person	сто челове́к*	one hundred persons

4. *Instrumental plural* in **-ьми**. Two words must have this ending in the instrumental plural: children and people.

	children	*people*
nom. pl.	де́ти	лю́ди
instr. pl.	детьми́	людьми́

* This form is used *only after numbers* and **(не) сколько**.

Appendix C.   Special Noun Declensions

1. The following common nouns have *irregular plural declensions*, as indicated:

брат	brother	бра́тья, бра́тьев, бра́тьям, etc.
де́рево	tree	дере́вья, дере́вьев, дере́вьям, etc
друг	friend	друзья́, друзе́й, друзья́м, etc.
князь	prince	князья́, князе́й, князья́м, etc.
крыло́	wing	кры́лья, кры́льев, кры́льям, etc.
лист	leaf	ли́стья, ли́стьев, ли́стьям, etc.
муж	husband	мужья́, муже́й, мужья́м, etc.
перо́	pen, feather	пе́рья, пе́рьев, пе́рьям, etc.
сосе́д	neighbor	сосе́ди, сосе́дей, сосе́дям, etc.
стул	chair	сту́лья, сту́льев, сту́льям, etc.
сын	son	сыновья́, сынове́й, сыновья́м, etc.
чорт	devil	че́рти, черте́й, чертя́м, etc.

2. The names of the young of some species end in **-ёнок**. The *nominative plural* ends in **-ята** or **-ата** and the *genitive plural* in **-ят** or **-ат**.

ребёнок	child	ребя́та, ребя́т, ребя́там, etc.
телёнок	calf	теля́та, теля́т, теля́там, etc.
цыплёнок	chick	цыпля́та, цыпля́т, цыпля́там, etc.

Other nouns of this sort are:

гусёнок	gosling
котёнок	kitten
львёнок	lion cub
медвежёнок	bear cub
поросёнок	piglet

The words for *mother* (**мать**) and *daughter* (**дочь**) have the same endings in oblique cases as any feminine noun ending in **-ь**. However, in all cases except the accusative singular (which is like the nominative sing.), the stem is lengthened to **матер-** and **дочер-** before the endings are suffixed.

	SINGULAR	PLURAL
nom.	мать	ма́тери
gen.	ма́тери	матере́й
dat.	ма́тери	матеря́м
acc.	мать	матере́й
instr.	ма́терью	матеря́ми (*also* матерьми́)
prep.	ма́тери	матеря́х

Appendix D. Masculine Nouns with Nominative Plural in Accented -á or -я́

1. The following common masculine nouns take a *nominative plural* in accented -á or -я́.

бе́рег	берега́	shores
бок	бока́	sides
век	века́	centuries
ве́чер	вечера́	evenings
глаз	глаза́	eyes
год	года́ (*also* го́ды)	years
го́лос	голоса́	voices
го́род	города́	towns
до́ктор	доктора́	doctors
дом	дома́	houses
край	края́	edges
лес	леса́	forests
о́стров	острова́	islands
по́езд	поезда́	trains
профе́ссор	профессора́	professors
учи́тель	учителя́	teachers
цвет	цвета́	colors

Appendix E. Diminutives

1. Diminutives play a considerably more important role in the Russian language than they do in our own. This is true even in specialized fields. They are recognized by such suffixes as **-ок, -ёк, -ик, -чик, -ёнка, -ица, -очка, -ко, -ико, -цо** and **-це** (*n.*). Thus,

па́лка	stick	па́л**очка**	rod, little stick
дождь	rain	до́жд**ик**	"little rain"
колесо́	wheel	колёс**ико**	small wheel
круг	circle	круж**о́к**	small circle *or* social group

2. In addition to expressing the small size of the objects or persons described, diminutives often designate a feeling of approbation, affection, or familiarity (sometimes contemptuous) toward these objects or persons. The following examples are purely illustrative, and the student is not expected to remember new words appearing in them:

вино́ *wine*
Винцо́ его́ мне о́чень понра́вилось!
I liked his wine very much.

ло́шадь (*f.*) *horse*
Кака́я у тебя́ лошадёнка!
What a nag you have there!

ба́ба *uneducated peasant woman*
По́ снегу пробира́лась кака́я-то ма́ленькая бабёнка.
Some sort of little old woman was making her way through the snow.

3. Some words which are diminutive in form have lost their connotations of smallness or affection:

буты́лка	bottle
кусо́к	piece
пья́ница	drunkard

Appendix F.   Verbs Requiring Special Cases

1. Some important Russian verbs which we might expect to take objects in the accusative case are in fact used with other cases. Here are some of the most common of these verbs:

a. **Genitive**

боя́ться to fear, to be afraid of
Почему́ Пётр так **бои́тся** поли́ции?
Why is Peter so afraid of the police?

достига́ть (дости́гнуть) to achieve, attain
Нау́чная экспеди́ция **дости́гла** свое́й це́ли
The scientific expedition achieved its aim.

избега́ть (избежа́ть) to avoid
На́до **избега́ть** таки́х инциде́нт**ов**.
One must avoid such incidents.

каса́ться to concern, to be about
Что **каса́ется** рабо́чих, они́ все дово́льны.
So far as the workers are concerned, they are all satisfied

лиша́ть (лиши́ть) to deprive
Война́ **лиши́ла** нас роди́тел**ей**.
The war deprived us of our parents.

тре́бовать to demand, to require
Коллекти́в рабо́чих **тре́бует** добросо́вестн**ого** отноше́ни**я** к рабо́те.
The workers' collective demands a conscientious attitude toward work.

b. **Dative.**

ве́рить (пове́рить) to believe
Никто́ **ему́** не **ве́рил**.
No one believed him.

меша́ть (помеша́ть) to hinder, prevent, disturb
Шум **меша́ет** студе́нт**ам**.
The noise disturbs the students.

напомина́ть (напо́мнить) to remind
Напо́мните дире́ктор**у** об э́том.
Remind the director of this.

подража́ть to imitate, copy
Кто **подража́ет** ва́шим ме́тод**ам**?
Who is copying your methods?

помогáть (помóчь) to help
Студéнт **помогáет** профéссору в егó óпытах.
The students helps the professor in his experiments.

удивля́ться (удиви́ться) to be surprised
Все **удивля́ются** результáтам нáших óпытов.
Everybody is surprised at the results of our experiments.

учи́ться (научи́ться) to learn
Почемý вы **ýчитесь** рýсскому языкý?
Why are you learning the Russian language?

c. **Instrumental**

владéть to own, command, control
Сáша не умéет **владéть** собóй.
Sasha does not know how to control himself.

жéртвовать (пожéртвовать) to contribute, sacrifice
Онá **жéртвовала** всем, чтóбы дать сы́ну хорóшее образовáние.
She sacrificed everything in order to give her son a good education.

дорожи́ть to value highly
Мне кáжется, что э́тот человéк не **дорожи́т** своéй жи́знью.
It seems to me that this man does not value his life.

обладáть to possess
Дéдушка **обладáет** мнóгими положи́тельными кáчествами.
Grandpa possesses many fine qualities.

пóльзоваться (воспóльзоваться) to use, take advantage of
Каки́м учéбником вы **пóльзуетесь** в клáссе?
Which textbook do you use in class?

прáвить to guide, direct, drive, govern
Ми́ром **прáвит** сам человéк.
Man himself rules the world.

руководи́ть to manage, direct, conduct, lead
Эта молодáя жéнщина **руководи́т** бригáдой.
This young woman leads a brigade.

управля́ть to administer, manage, govern
Её сын **управля́ет** завóдом в Сиби́ри.
Her son manages a factory in Siberia.

Appendix G.   Irregular Verb Forms

This list contains only those verbs encountered in the text whose forms differ in some way from the infinitive stem of the verb. For the formation of ''regular'' verbs see the appropriate sections of grammar explanation in the text.

Infinitive	Asp.	1st Sing.	2nd Sing.	Masc. past	Masc. past pass. part.
бежа́ть	imp.	бегу́	бежи́шь	бежа́л	
to be running, to run 3rd pl. бегу́т					
бить	imp.	бью	бьёшь	бил	би́тый
to hit					
боро́ться	imp.	борю́сь	бо́решься	боро́лся	
to struggle					
брать	imp.	беру́	берёшь	брал	
to take					
быть	imp.	бу́ду (fut.)	бу́дешь (fut.)	был	
to be					
везти́	imp.	везу́	везёшь	вёз	везённый
to be transporting, to transport					
вести́	imp.	веду́	ведёшь	вёл	ведённый
to be leading, to lead					
взять	pf.	возьму́	возьмёшь	взял	вэя́тый
to take					
ви́деть	imp.	ви́жу	ви́дишь	ви́дел	
to see					
висе́ть	imp.	вишу́	виси́шь	висе́л	
to hang					
внести́	pf.	внесу́	внесёшь	внёс	внесённый
to bring in					
вноси́ть	imp.	вношу́	вно́сишь	вноси́л	
to bring in					
води́ть	imp.	вожу́	во́дишь	води́л	
to lead (hab.)					
возненави́деть	pf.	возненави́жу	возненави́дишь	возненави́дел	
to hate					
возни́кнуть	pf.	возни́кну	возни́кнешь	возни́к	
to arise					
войти́	pf.	войду́	войдёшь	вошёл	
to enter					
воспо́льзоваться	pf.	возпо́льзуюсь	воспо́льзуешься	воспо́льзовался	
to use, take advantage of					
встре́тить(ся)	pf.	встре́чу(сь)	встре́тишь(ся)	встре́тил(ся)	встре́ченный
to meet					
входи́ть	imp.	вхожу́	вхо́дишь	входи́л	
to enter					

Infinitive	Asp.	1st Sing.	2nd Sing.	Masc. past	Masc. past pass. part.
высохнуть to grow dry, dry up	pf.	высохну	высохнешь	высох	
выступить to come out	pf.	выступлю	выступишь	выступил	
готóвить(ся) to prepare	imp.	готóвлю(сь)	готóвишь(ся)	готóвил(ся)	
давáть to give	imp.	даю́	даёшь	давáл	
дать to give	pf.	дам 3rd sing. 1st pl. 2nd pl. 3rd pl.	дашь даст дадим дадите дадýт	дал	дáнный
дéйствовать to act, work	imp.	дéйствую	дéйствуешь	дéйствовал	
держáть to hold	imp.	держý	дéржишь	держáл	дéржанный
доказáть to prove	pf.	докажý	докáжешь	доказáл	докáзанный
допустить to permit, allow	pf.	допущý	допýстишь	допустил	допýщенный
достáвить to give, provide	pf.	достáвлю	достáвишь	достáвил	достáвленный
éздить to go (except on foot) (hab.)	imp.	éзжу	éздишь	éздил	
éхать to be going, to go (except on foot)	imp.	éду	éдешь	éхал	
жить to live	imp.	живý	живёшь	жил	
зависеть to depend (on)	imp.	завишу	зависишь	зависел	
закрыть to close	pf.	закрóю	закрóешь	закрыл	закрытый
занять(ся) to occupy (to be engaged in)	pf.	займý(сь)	займёшь(ся)	зáнял(ся)	зáнятый
записáть(ся) to note down	pf.	запишý(сь)	запишешь(ся)	записáл(ся)	записанный
запретить to forbid, prohibit	pf.	запрещý	запретишь	запретил	запрещённый
захватить to seize	pf.	захвачý	захвáтишь	захватил	захвáченный
захотéть to want, wish	pf.	захочý 3rd sing. 1st pl. 2nd pl. 3rd pl.	захóчешь захóчет захотим захотите захотя́т	захотéл	

Infinitive	Asp.	1st Sing.	2nd Sing.	Masc. past	Masc. past pass. part
зашумéть to make noise	pf.	зашумлю́	зашуми́шь	зашумéл	
идти́ to be going, to go	imp.	иду́	идёшь	шёл fem. шла	
избрáть to elect	pf.	изберу́	изберёшь	избрáл	и́збранный
издавáть to publish, issue	imp.	издаю́	издаёшь	издавáл	
издáть to publish, issue	pf.	издáм 3rd sing. 1st pl. 2nd pl. 3rd pl.	издáшь издáст издади́м издади́те издаду́т	и́здáл	и́зданный
испóльзо- вать(ся) to use	imp./ pf.	испóль- зую(сь)	испóль- зуешь(ся)	испóль- зовал(ся)	испóльзован- ный
исчéзнуть to disappear	pf.	исчéзну	исчéзнешь	исчéз	
казáться to seem	imp.	кажу́сь	кáжешься	казáлся	
класть to put	imp.	кладу́	кладёшь	клал	
критиковáть to criticize	imp.	критику́ю	критику́ешь	критиковáл	критикóван- ный
лежáть to lie	imp.	лежу́	лежи́шь	лежáл	
летéть to be flying, to fly	imp.	лечу́	лети́шь	летéл	
лить to pour	imp.	лью	льёшь	лил	ли́тый
люби́ть to love, like	imp.	люблю́	лю́бишь	люби́л	
мочь to be able	imp.	могу́ 3rd pl. мóгут	мóжешь	мог	
нагрéть to heat, warm	pf.	нагрéю	нагрéешь	нагрéл	нагрéтый
назвáть to call, name	pf.	назову́	назовёшь	назвáл	нáзванный
найти́ to find	pf.	найду́	найдёшь	нашёл fem. нашлá	нáйденный
написáть to write	pf.	напишу́	напи́шешь	написáл	напи́санный
напрáвить to direct, guide	pf.	напрáвлю	напрáвишь	напрáвил	напрáвленный

Infinitive	Asp.	1st Sing.	2nd Sing.	Masc. past	Masc. past pass. part
находи́ть to find	imp.	нахожу́ ̄	нахо́дишь	находи́л	
нача́ть(ся) to begin	pf.	начну́(сь)	начнёшь(ся)	на́чал(ся́)	на́чатый
ненави́деть to hate	imp.	ненави́жу	ненави́дишь	ненави́дел	
нести́ to be carrying, to carry	imp.	несу́	несёшь	нёс	несённый
носи́ть to carry, bear (hab.); to wear	imp.	ношу́	но́сишь	носи́л	но́шенный
оби́деть to offend	pf.	оби́жу	оби́дишь	оби́дел	оби́женный
обня́ть to embrace	pf.	обниму́	обни́мешь	о́бнял	о́бнятый
обрати́ть to turn, return, transform	pf.	обращу́	обрати́шь	обрати́л	обращённый
описа́ть to describe	pf.	опишу́	опи́шешь	описа́л	опи́санный
опубликова́ть to publish	pf.	опублику́ю	опублику́ешь	опубликова́л	опублико́ван- ный
осмотре́ть to inspect	pf.	осмотрю́	осмо́тришь	осмотре́л	осмо́тренный
основа́ть to found	pf.	осную́	оснуёшь	основа́л	осно́ванный
осуществи́ться to be achieved, realized	pf.	осущест- влю́сь	осущест- ви́шься	осущест- ви́лся	
отдава́ть to give, give up	imp.	отдаю́	отдаёшь	отдава́л	
отда́ть to give, give up	pf.	отда́м 3rd sing. 1st pl. 2nd pl. 3rd pl.	отда́шь отда́ст отдади́м отдади́те отдаду́т	о́тдал	о́тданный
откры́ть to open, discover	pf.	откро́ю	откро́ешь	откры́л	откры́тый
отме́тить to note	pf.	отме́чу	отме́тишь	отме́тил	отме́ченный
отнести́ to remove	pf.	отнесу́	отнесёшь	отнёс	отнесённый
относи́ть(ся) to remove (refl. to concern)	imp.	отношу́(сь)	отно́сишь(ся)	относи́л(ся)	
пасть to fall	pf.	паду́	падёшь	пал	

Infinitive	Asp.	1st Sing.	2nd Sing.	Masc. past	Masc. past pass. part.
перевести́ to translate	pf.	переведу́	переведёшь	перевёл	переведённый
переводи́ть to translate	imp.	перевожу́	перево́дишь	переводи́л	
писа́ть to write	imp.	пишу́	пи́шешь	писа́л	пи́санный
побежа́ть to run	pf.	побегу́ 3rd pl. побегу́т	побежи́шь	побежа́л	
поби́ть to hit	pf.	побью́	побьёшь	поби́л	поби́тый
поборо́ться to struggle	pf.	поборю́сь	побо́решься	поборо́лся	
повезти́ to transport	pf.	повезу́	повезёшь	повёз	повезённый
повести́ to lead	pf.	поведу́	поведёшь	повёл	поведённый
пови́снуть to hang	pf.	пови́сну	пови́снешь	пови́с/ пови́снул	
пое́хать to go (except on foot)	pf.	пое́ду	пое́дешь	пое́хал	
пойти́ to go	pf.	пойду́	пойдёшь	пошёл fem. пошла́	
показа́ть(ся) to show (reflex. to seem)	pf.	покажу́(сь)	пока́жешь(ся)	показа́л(ся)	пока́занный
полете́ть to fly	pf.	полечу́	полети́шь	полете́л	
поли́ть to pour	pf.	полью́	польёшь	по́ли́л	по́ли́тый
по́льзоваться to use, take advantage of	imp.	по́льзуюсь	по́льзуешься	по́льзовался	
полюби́ть to love, like	pf.	полюблю́	полю́бишь	полюби́л	
понести́ to carry	pf.	понесу́	понесёшь	понёс	понесённый
поня́ть to understand	pf.	пойму́	поймёшь	по́нял	по́нятый
попроси́ть to request, beg	pf.	попрошу́	попро́сишь	попроси́л	попро́шенный
посла́ть to send	pf.	пошлю́	пошлёшь	посла́л	по́сланный
последи́ть to watch	pf.	послежу́	последи́шь	последи́л	
посмотре́ть to look at	pf.	посмотрю́	посмо́тришь	посмотре́л	

Infinitive	Asp.	1st Sing.	2nd Sing.	Masc. past	Masc. past pass. part.
поспа́ть to sleep	pf.	посплю́	поспи́шь	поспа́л	
постоя́ть to stand	pf.	постою́	постои́шь	постоя́л	
потруди́ться to toil	pf.	потружу́сь	потру́дишься	потруди́лся	
потяну́ть to pull	pf.	потяну́	потя́нешь	потяну́л	потя́нутый
пра́вить to drive, rule	imp.	пра́влю	пра́вишь	пра́вил	пра́вленный
преврати́ться to be transformed	pf.	превращу́сь	превра- ти́шься	преврати́лся	
предста́вить to present	pf.	предста́влю	предста́вишь	предста́вил	предста́влен- ный
преобразова́ться to turn into	pf.	преобразу́- юсь	преобразу́- ешься	преобразо- ва́лся	
пригото́вить to prepare	pf.	пригото́влю	пригото́вишь	пригото́вил	пригото́влен- ный
прийти́ to arrive	pf.	приду́	придёшь	пришёл fem. пришла́	
прийти́сь to have to	pf.	3rd Sing.	придётся	neut. пришло́сь	
прикры́ть to cover, screen	pf.	прикро́ю	прикро́ешь	прикры́л	прикры́тый
принадлежа́ть to belong	imp.	принадлежу́	принадле- жи́шь	принадлежа́л	
принести́ to bring	pf.	принесу́	принесёшь	принёс	принесённый
приноси́ть to bring	imp.	приношу́	прино́сишь	приноси́л	
приня́ть to take, accept, receive	pf.	приму́	при́мешь	при́нял	при́нятый
приходи́ть to arrive	imp.	прихожу́	прихо́дишь	приходи́л	
приходи́ться to have to	imp.	3rd Sing.	прихо́дится	neut. приходи́лось	
провести́ to draw, enact, conduct; spend (time)	pf.	проведу́	проведёшь	провёл	проведённый
проводи́ть to draw, enact, conduct; spend (time)	imp.	провожу́	прово́дишь	проводи́л	
произвести́ to produce	pf.	произведу́	произведёшь	произвёл	произведён- ный
производи́ть to produce	imp.	произвожу́	произво́дишь	производи́л	

Infinitive	Asp.	1st Sing.	2nd Sing.	Masc. past	Masc. past pass. part.
проси́ть to request, beg	imp.	прошу́	про́сишь	проси́л	про́шенный
прости́ть to forgive	pf.	прошу́	прости́шь	прости́л	прощённый
проч́есть to read	pf.	прочту́	прочтёшь	прочёл fem. прочла́	прочтённый
публикова́ть to publish	imp.	публику́ю	публику́ешь	публикова́л	
раскры́ть to uncover, reveal	pf.	раскро́ю	раскро́ешь	раскры́л	раскры́тый
рассмотре́ть to examine, inspect	pf.	рассмотрю́	рассмо́тришь	рассмотре́л	рассмо́трен- ный
роди́ться to be born	pf.	рожу́сь	роди́шься	роди́лся́	
свести́сь to be reduced to, to come down to	pf.			свёлся	
своди́ться to be reduced to, to come down to	imp.			своди́лся	
связа́ть to connect, join	pf.	свяжу́	свя́жешь	связа́л	свя́занный
следи́ть to keep track of, to watch	imp.	слежу́	следи́шь	следи́л	
сле́довать to follow, to be necessary	imp.	сле́дую	сле́дуешь	сле́довал	
слы́шать to hear	imp.	слы́шу	слы́шишь	слы́шал	слы́шанный
смотре́ть to look	imp.	смотрю́	смо́тришь	смотре́л	смо́тренный
смочь to be able	pf.	смогу́ 3rd pl.	смо́жешь смо́гут	смог	
создава́ть to create	imp.	создаю́	создаёшь	создава́л	
созда́ть to create	pf.	созда́м 3rd sing. 1st pl. 2nd pl. 3rd pl.	созда́шь созда́ст создади́м создади́те создаду́т	со́здал	со́зданный
соотве́т- ствовать to correspond, correlate	imp.	соотве́т- ствую	соотве́т- ствуешь	соотве́т- ствовал	
соста́вить to compose	pf.	соста́влю	соста́вишь	соста́вил	соста́вленный
состоя́ть to consist	imp.	состою́	состои́шь	состоя́л	

Infinitive	Asp.	1st Sing.	2nd Sing.	Masc. past	Masc. past pass. part.
сóхнуть to grow dry, dry up	imp.	сóхну	сóхнешь	сох	
спать to sleep	imp.	сплю́	спишь	спал	
станови́ться to become	imp.	становлю́сь	станóвишься	станови́лся	
стать to become; to begin	pf.	стáну	стáнешь	стал	
стоя́ть to stand	imp.	стою́	стои́шь	стоя́л	
стреми́ться to strive	imp.	стремлю́сь	стреми́шься	стреми́лся	
ступи́ть to stride, step	pf.	ступлю́	сту́пишь	ступи́л	
существовáть to exist	imp.	существу́ю	существу́ешь	существовáл	
трóнуть to touch	pf.	трóну	трóнешь	трóнул	трóнутый
труди́ться to toil	imp.	тружу́сь	тру́дишься	труди́лся	
тяну́ть to pull	imp.	тяну́	тя́нешь	тяну́л	тя́нутый
уви́деть to see	pf.	уви́жу	уви́дишь	уви́дел	
узнавáть to find out	imp.	узнаю́	узнаёшь	узнавáл	
узнáть to find out	pf.	узнáю	узнáешь	узнáл	у́знанный
указáть to indicate, show	pf.	укажу́	укáжешь	указáл	укáзанный
улетéть to fly away	pf.	улечу́	улети́шь	улетéл	
умерéть to die	pf.	умру́	умрёшь	у́мер	
унести́ to carry off	pf.	унесу́	унесёшь	унёс	унесённый
уноси́ть to carry off	imp.	уношу́	унóсишь	уноси́л	
упáсть to fall	pf.	упаду́	упадёшь	упал	
упрáвить to direct, manage	pf.	упрáвлю	упрáвишь	упрáвил	
услы́шать to hear	pf.	услы́шу	услы́шишь	услы́шал	услы́шанный

Infinitive	Asp.	1st Sing.	2nd Sing.	Masc. past.	Masc. past pass. part.
установи́ть to establish	pf.	установлю́	устано́вишь	установи́л	устано́вленный
устреми́ться to strive	pf.	устремлю́сь	устреми́шься	устреми́лся	
утра́тить to lose	pf.	утра́чу	утра́тишь	утра́тил	утра́ченный
ходи́ть to go (hab.)	imp.	хожу́	хо́дишь	ходи́л	
хоте́ть to want, wish	imp.	хочу́ 3rd sing. 1st pl. 2nd pl. 3rd pl.	хо́чешь хо́чет хоти́м хоти́те хотя́т	хоте́л	
шуме́ть to make noise	imp.	шумлю́	шуми́шь	шуме́л	
яви́ться to appear, to be	pf.	явлю́сь	я́вишься	яви́лся	

VOCABULARY

Abbreviations used:

acc.—accusative
act.—actual
adj.—adjective
adv.—adverb
conj.—conjunction
dat.—dative
f.—feminine
fam.—familiar
gen.—genitive
hab.—habitual
imp.—imperfective
instr.—instrumental

m.—masculine
n.—neuter
pf.—perfective
pl.—plural
pol.—polite
prep.—prepositional
reflex.—reflexive
sing.—singular

Imperfective verb entries include perfective in parentheses. Perfective verb entries include reference to imperfective. See list of irregular verb forms, beginning on page 162.

А

а but, and
автомоби́ль (*m.*) automobile
а́втор author
аге́нт agent
адвока́т lawyer
а́дрес address
акаде́мик academician
акаде́мия academy
акти́вный active
Аме́рика America
америка́нец (*noun, m.*) (*gen.* америка́нца) an American
америка́нка (*f.*) an American
америка́нский American (*adj.*)
англи́йский English
англича́нин Englishman
А́нглия England
аппара́т apparatus
апре́ль (*m.*) April
а́рмия army
армя́нский Armenian (*adj.*)
архи́в archives
а́том atom
а́то́мный atomic

Б

бакте́рия bacterium
банки́р banker
бе́гать (*hab.*) to run
бежа́ть (побежа́ть) to be running, to run
без (безо) without
безвы́ходный desperate, critical
бе́лый white
беспоко́ить (побеспоко́ить) to disturb, trouble
беспоко́йство disturbance, trouble
библиоте́ка library
био́лог biologist
биологи́ческий biological
биоло́гия biology
би́тва battle
бить (поби́ть) to hit
бли́зкий close
бог a god
бога́тый rich
бо́льше (*adv.*) more
бо́льший larger, greater
бо́льшей ча́стью for the most part

171

большинство́ majority
большо́й big, large
бо́мба bomb
боро́ться (поборо́ться) to struggle
борьба́ battle, conflict
брать (взять) to take
бу́ква letter (of alphabet)
бума́га paper
буржуази́я bourgeoisie
буржуа́зный bourgeois (adj.)
буты́лка bottle
бы́стро quickly
бы́стрый quick
быть to be
   мо́жет быть maybe, perhaps, possibly

В

в (во) in, into, to, at
ва́жный important
ваш your, yours
веду́щий leading
везти́ (повезти́) to be transporting, to transport
величина́ value, quantity, size
ве́рить (пове́рить) (+ dat.) to believe
вес weight
весна́ spring
вести́ (повести́) to be leading, to lead
весь, вся, всё, все all, the whole
ве́чер evening
взять (pf. of брать) to take
вид form, species, kind
   в виду́ in view
ви́деть (уви́деть) to see
висе́ть (пови́снуть) to hang
вклад contribution
власть (f.) power, authority
влия́ние influence
вмеша́тельство interference
внести́ (pf. of вноси́ть) to bring in
вне́шний external, foreign
внима́ние attention
   обраща́ть внима́ние на to pay attention to
   принима́ть во внима́ние to take into consideration

внима́тельный attentive
вноси́ть (внести́) to bring in
вода́ water
води́ть (hab.) to lead
возмо́жный possible
возненави́деть (pf. of ненави́деть) to hate
возника́ть (возни́кнуть) to arise
возни́кнуть (pf. of возника́ть) to arise
война́ war
войти́ (pf. of входи́ть) to enter
вокру́г around
во́ля will, freedom
вопро́с problem, question
во́семь (f.) eight
воспо́льзоваться (pf. of по́льзоваться) to use, to take advantage of
восьмо́й eighth
вот here, there's a
впервы́е (adv.) for the first time
впосле́дствии (adv.) later on, afterwards
вре́мя (n.) time
   во вре́мя (+ gen.) during
   в настоя́щее вре́мя at the present time
   в то же вре́мя at the same time
   за после́днее вре́мя lately, recently
всё (n.) all, everything
   всё же nevertheless
всегда́ always
всеми́рный universal
всео́бщий common, universal
вско́ре soon, shortly
вспо́мнить (pf. of по́мнить) to remember
встре́тить(ся) [pf. of встреча́ть(ся)] to meet
встреча́ть(ся) [встре́тить(ся)] to meet
вся́кий each
   во вся́ком слу́чае in any case
входи́ть (войти́) to enter
вчера́ yesterday

вы you (*pl. & pol. sing.*)
вы́бор election, choice
вы́вод conclusion, deduction
выдаю́щийся prominent
выраже́ние expression
высо́кий high
высота́ height
вы́сохнуть (*pf. of* со́хнуть) to grow dry, to dry up
выступа́ть (вы́ступить) to come out
вы́ступить (*pf. of* выступа́ть) to come out
вы́учить (*pf. of* учи́ть) to learn
вы́ше higher
см. вы́ше (смотри́те вы́ше) see above
вышина́ height

Г

газе́та newspaper
где where
генера́л general
ге́ний genius
географи́ческий geographical
геогра́фия geography
геоло́гия geology
Герма́ния Germany
геро́й hero
глава́ chapter, head
во главе́ с headed by
гла́вный main, chief
гла́вным о́бразом chiefly
глубина́ depth
глубо́кий deep
говори́ть (поговори́ть) to speak
год year
в э́том году́ this year
го́рдость (*f.*) pride
горизонта́льный horizontal
го́род city
го́спиталь (*m.*) hospital
госуда́рственный state (*adj.*)
госуда́рственный де́ятель statesman
госуда́рство government, state
гото́вить (пригото́вить) to prepare

граждани́н (*m.*) citizen
гражда́нский civil
грамма́тика grammar
греть (нагре́ть) to heat, to warm
Гре́ция Greece
грузи́нский Georgian (*adj.*)
гру́ппа group
гумани́зм humaneness

Д

да yes
дава́ть (дать) to give
давно́ long ago, already
да́лее farther
и т.д. (и так да́лее) *etc.*, and so forth
далёкий distant
дальне́йший further, following
в дальне́йшем further, in what follows
дать (*pf. of* дава́ть) to give
дверь (*f.*) door
дви́гать (дви́нуть) to move
движе́ние movement, motion
дви́нуть (*pf. of* дви́гать) to move
действи́тельный real
де́йствовать (поде́йствовать) to act, work
дека́брь (*m.*) December
де́лать (сде́лать) to do, to make
де́ло thing, affair, deed, work
име́ть де́ло с to deal with
на де́ле in actual practice, in actual fact
демократи́ческий democratic
демокра́тия democracy
день (*m.*) day
депута́т deputy
дере́вня village, country
держа́ть to hold
деся́тый tenth
де́ятель (*m.*) worker
госуда́рственный де́ятель statesman
де́ятельность (*f.*) activity
диктату́ра dictatorship
дире́ктор director

длина́ length
для for, for the sake of
для того́, что́бы in order to, in order that
до up to, until
доказа́ть (*pf. of* дока́зывать) to prove
дока́зывать (доказа́ть) to prove
до́ктор doctor
докуме́нт document
до́лжный obliged, indebted
допуска́ть (допусти́ть) to permit, to allow
допусти́ть (*pf. of* допуска́ть) to permit, to allow
дорого́й expensive, dear
доста́вить (*pf. of* доставля́ть) to give, provide
доставля́ть (доста́вить) to give, to provide
дра́ма drama
драмати́ческий dramatic
дре́вний ancient
дре́вность (*f.*) antiquity
друго́й other, different
и др. (и други́е) and others, *et al.*
дру́жественный friendly
духо́вный spiritual

Е

Евро́па Europe
европе́йский European
его́ his, him
еди́нственный sole, only
еди́нство unity
еди́ный single, one (*adj.*)
её her, hers
е́здить (*hab.*) to go (*except on foot*)
е́сли if
есте́ственный natural
есть he, she, it is, there is, I am
т.е. (то есть) *i.e.*, that is
есть to eat
е́хать (пое́хать) to go (*except on foot*)

ещё still
ещё не not yet

Ж

же and, but (*or simply emphasis*)
жена́ wife
жизнь (*f.*) life
жить to live
журна́л journal, magazine

З

за behind, after, for
заверше́ние completion
за́втра tomorrow
зави́сеть (от) to depend (on)
зако́н law
закрыва́ть (закры́ть) to close
закры́ть (*pf. of* закрыва́ть) to close
замеча́тельный remarkable
занима́ть(ся) [заня́ть(ся)] to occupy, (to be engaged in)
заня́ть(ся) [*pf. of* занима́ть(ся)] to occupy, (to be engaged in)
за́пад west
за́падный western
записа́ть(ся) [*pf. of* запи́сывать(ся)] to note down
запи́сывать(ся) [записа́ть(ся)] to note down
запрети́ть (*pf. of* запреща́ть) to forbid, to prohibit
запреща́ть (запрети́ть) to forbid, to prohibit
за́работок earnings
зате́м subsequently, then
захвати́ть (*pf. of* захва́тывать) to seize
захва́тывать (захвати́ть) to seize
захоте́ть (*pf. of* хоте́ть) to want, to wish
заче́м why, for what
зашуме́ть (*pf. of* шуме́ть) to make noise
звезда́ star
зда́ние building
здесь here

земля́ earth
земно́й earth, terrestrial
зима́ winter
знамени́тый famous
зна́ние knowledge, learning
знать to know
значе́ние meaning, significance
зна́чить to mean, to signify

И

и and
игра́ть (сыгра́ть) to play
  игра́ть роль to play a part
идти́ (пойти́) to be going, to go
  речь идёт о the question concerns
из (изо) from out of, of
избира́ть (избра́ть) to elect
избра́ние election
избра́ть (pf. of избира́ть) to elect
изве́стие news
изве́стность (f.) fame
изве́стный famous, well known
извини́ть (pf. of извиня́ть) to
  excuse
извиня́ть (извини́ть) to excuse
издава́ть (изда́ть) to publish, to
  issue
изда́ние edition
изда́тельство publishing house
изда́ть (pf. of издава́ть) to publish,
  to issue
излага́ть (изложи́ть) to explain, to
  expound
изложи́ть (pf. of излага́ть) to explain, to expound
изобрета́тель (m.) inventor
и́ли or
име́ть to have
  име́ть де́ло с to deal with
  име́ть ме́сто to take place, to
  occur
име́ться to be
империалисти́ческий imperialist
  (adj.)
и́мя (n.) name
инжене́р engineer
инициати́ва initiative

иногда́ sometimes
ино́й other, different
иностра́нный foreign
институ́т institute
интерве́нция intervention
интере́сный interesting
Интернациона́л Internationale
ио́н ion
исключи́тельный exclusive
иску́сственный artificial
иску́сство art
испа́нский Spanish
испо́льзовать (imp. & pf.) to use,
  to make use of
иссле́дование investigation, research
иссле́довательский (adj.) research
исто́рик historian
истори́ческий historical
исто́рия history
исчеза́ть (исче́знуть) to disappear
исче́знуть (pf. of исчеза́ть) to disappear
ита́к consequently, and so
и т.д. (и так да́лее) etc., and so
  forth
их their, theirs
ию́нь (m.) June

К

к (ко) towards, to
ка́ждый each
каза́ться (показа́ться) to seem
как how, as
  так как since
  как . . . так и both . . . and
како́й which, what kind of; what,
  what a . . .!
ка́лий potassium
кандида́т candidate
капитали́ст capitalist
капиталисти́ческий capitalistic
капитули́ровать (imp. & pf.) to
  capitulate
каса́ться (+ gen.) to concern
  что каса́ется (+ gen.) as far
  as . . . is concerned

ка́чество quality
  в ка́честве as, in the capacity of
класс class
класси́ческий classical
кла́ссовый class (adj.)
класть (положи́ть) to put
кни́га book
когда́ when
ко́лба flask, retort
коле́блющийся vacillating
коли́чество quantity
кома́ндование command
коми́ссия commission
комите́т committee
коми́чески comically
коми́ческий comical
коммунисти́ческий communist
  (adj.)
композитор composer
коне́ц (gen. конца́) end
  с нача́ла до конца́ from begin-
    ning to end
конститу́ция constitution
костю́м suit
кото́рый which
кра́йний extreme (adj.)
  по кра́йней ме́ре at least
кре́пкий firm, strong
крива́я a curve
криво́й curved
кри́тик critic
критикова́ть to criticize
круг circle
кругово́й circular
кру́пный large, coarse
Крым Crimea
кто who
куда́ where (whither)
культу́ра culture

Л

лаборато́рия laboratory
ла́мпа lamp
ле́вый left
лёгкий light, easy
лежа́ть to lie
лета́ть (hab.) to fly

лете́ть (полете́ть) to be flying, to
  fly
ле́то summer, year
литерату́ра literature
лить (поли́ть) to pour
лицеме́рный hypocritical
лицо́ person, face
ли́чный personal
луна́ the moon
лу́чший better
люби́ть (полюби́ть) to love, to like
любо́й any (you like), whichever
  you please
лю́ди people

М

ма́ленький small
ма́ло little, few
ма́сса mass
матема́тика mathematics
математи́ческий mathematical
материа́льный material (adj.)
маши́на machine
ме́дленный slow
ме́жду between, among
междунаро́дный international
межплане́тный interplanetary
ме́ра measure
  по кра́йней ме́ре at least
  по ме́ре того́ как in proportion
    to, as
ме́сто place
  име́ть ме́сто to take place
ме́сяц month, moon
мета́лл metal
метаморфо́за metamorphosis
ме́тод method
метр meter (unit of length)
мечта́ть to dream
микроско́п microscope
ми́нус minus
мину́та minute
мир world, peace
мирово́й world (adj.)
мно́го much, many
могу́щество power, might
мо́жно it is possible, one may

мой my, mine
молéкула molecule
молодёжь (*f.*) youth, young
  people
молодóй young
морáльный moral (*adj.*)
мóре sea
Москвá Moscow
мотóр motor
мочь (смочь) to be able
  мóжет быть maybe, possibly,
  perhaps
мóщный mighty
муж husband
музéй museum
мы we
мысль (*f.*) thought, idea
мятéж rebellion
мятéжник rebel

Н

на on, onto, at
нагрéть (*pf. of* греть) to heat, warm
над (нáдо) over, above
нáдо it is necessary
наёмный hired
назáд backwards
  тому́ назáд ago
назвáние name
назвáть (*pf. of* называ́ть) to call,
  name
называ́ть (назвáть) to call, to name
  так называ́емый so-called
найти́ (*pf. of* находи́ть) to find
наоборóт on the contrary
напечáтать (*pf. of* печáтать) to
  print
написáть (*pf. of* писáть) to write
напрáвить (*pf. of* направля́ть) to
  direct, to guide
направлéние direction
направля́ть (напрáвить) to direct,
  to guide
напримéр for example
нарóд people, nation
нарóдный popular, national

настоя́щий real, present (*adj.*)
  в настоя́щее врéмя at the present
  time
нáтрий sodium
наýка science, knowledge
научи́ть (*pf. of* учи́ть) to teach
наýчный scientific
находи́ть (найти́) to find
национáльный national
нáция nation
начáло beginning
  с начáла до концá from beginning to end
начáть(ся) [*pf. of* начинáть(ся)] to
  begin
начинáть(ся) [начáть(ся)] to begin
наш our, ours
не not
небéсный heavenly, celestial
негр negro
недáвно recently
недéля week
недоразумéние misunderstanding
нéжели than
незави́симый independent
неизвéстный unknown
нéкоторый a certain
нельзя́ it is impossible, forbidden
нéмец (*gen.*, нéмца) a German
немéцкий German (*adj.*)
ненави́деть (возненави́деть) to
  hate
необходи́мый necessary, indispen-
  sable
неодинáковый unequal
нерáвный unequal
нéсколько several, some, a few
несмотря́ на (+ *acc.*) in spite of,
  despite
нести́ (понести́) to be carrying, to
  carry
нет no
ни . . . ни . . . neither . . . nor . .
ни́зкий low
никогдá never
никтó no one
ничегó nothing

нóвый new
носи́ть (*hab.*) to carry, to bear (by hand; to wear (clothes)
ночь (*f.*) night
ну́жный necessary

О

о (об, обо) about, concerning
óба (*m., n.*), óбе (*f.*) both
обеспéчение guarantee
обеспéчивать (обеспéчить) to guarantee, to secure
обеспéчить (*pf. of* обеспéчивать) to guarantee, to secure
оби́деть (*pf. of* обижáть) to offend
оби́дный offensive, insulting
обижáть (оби́деть) to offend
обнимáть (обня́ть) to embrace
обня́ть (*pf. of* обнимáть) to embrace
обозначáть (обознáчить) to denote
обознáчить (*pf. of* обозначáть) to denote
óбраз form, manner
глáвным óбразом chiefly
таки́м óбразом thus, in this way
обрати́ть (*pf. of* обращáть) to turn, to return, to transform
обращáть (обрати́ть) to turn, return, to transform
обращáть внимáние на to pay attention to
обсерватóрия observatory
обще́ственный social
óбщество society
óбщий public, common
объясни́ть (*pf. of* объясня́ть) to explain
объясня́ть (объясни́ть) to explain
огóнь (*gen.* огня́) (*m.*) fire
однáко however
óзеро lake
означáть (ознáчить) to denote, to designate
ознáчить (*pf. of* означáть) to denote, to designate
óколо near

окружáть (окружи́ть) to surround
окружи́ть (*pf. of* окружáть) to surround
окру́жность (*f.*) circumference
он he, it
онá she, it
они́ they
онó it
описáть (*pf. of* опи́сывать) to describe
опи́сывать (описáть) to describe
определéние definition
опубликовáть (*pf. of* публиковáть) to publish
óпыт experiment, experience
орби́та orbit
óрган organ, member
организáция organization
освобождéние emancipation
óсень (*f.*) autumn
осмáтривать (осмотрéть) to inspect
осмотрéть (*pf. of* осмáтривать) to inspect
основáть (*pf. of* оснóвывать) to found
основнóй basic, primary
оснóвывать (основáть) to found
остальнóй remaining
осуществи́ться (*pf. of* осуществля́ться) to be achieved, to be realized
осуществля́ться (осуществи́ться) to be achieved, to be realized
от (ото) from, away from
отвéт answer
отдавáть (отдáть) to give, to give up
отдáть (*pf. of* отдавáть) to give, to give up
отделéние department, branch; separation
отдéльный separate
отéц (*gen.* отцá) father
открывáть (откры́ть) to open, to discover
откры́тие discovery
откры́тый open

открыть (*pf. of* открывать) to open, to discover

откуда whence

отличие difference

в отличие от unlike, in contrast to

отличный excellent

отметить (*pf. of* отмечать) to note

отмечать (отметить) to note

отнести (*pf. of* относить) to remove

относить (отнести) to remove

относиться (отнестись) to relate, to regard, to concern

относиться к to relate to, to regard, to have an attitude towards

отношение relation

по отношению к with reference to

отрасль (*f.*) branch

очевидный evident, obvious

очень very

ошибка error

П

падать (пасть, упасть) to fall

парламент parliament

партия party

пасть (*pf. of* падать) to fall

первоначальный primitive

первый first

перевести (*pf. of* переводить) to translate

перевести на (+ *acc.*) to translate into

переводить (перевести) to translate

переводить на (+ *acc.*) to translate into

перед (передо) before, in front of

период period

периодический periodic

печатать (напечатать) to print

писатель (*m.*) writer

писать (написать) to write

письмо letter

пламя (*n.*) flame

план plan

плантатор plantation owner

пластика plastic

плохой bad

плюс plus

по along, according to, on

победа victory

побежать (*pf. of* бежать) to run

побеспокоить (*pf. of* беспокоить) to disturb, to trouble

побить (*pf. of* бить) to hit

побороться (*pf. of* бороться) to struggle

повезти (*pf. of* везти) to transport

поверить (*pf. of* верить) (+ *dat.*) to believe

поверхность (*f.*) surface

повести (*pf. of* вести) to lead

повесть (*f.*) short novel

повиснуть (*pf. of* висеть) to hang

поговорить (*pf. of* говорить) to speak

под (подо) under

подлинный real, authentic, original

подобный like, similar

поехать (*pf. of* ехать) to go (*except on foot*)

позиция position

пойти (*pf. of* идти) to go

показать (*pf. of* показывать) to show

показаться (*pf. of* казаться) to seem

показывать (показать) to show

поколение generation

пол floor; sex

поле field

полезный useful

полететь (*pf. of* лететь) to fly

политика policy, politics

политический political

полить (*pf. of* лить) to pour

полиция police

половина half

положение position

положить (*pf. of* класть) to put

получа́ть (получи́ть) to receive, to obtain, to get

получи́ть (*pf. of* получа́ть) to receive, to obtain, to get

по́льза benefit, advantage

в по́льзу in favor of

по́льзоваться (воспо́льзоваться) (+ *instr.*) to use, to take advantage of

По́льша Poland

полюби́ть (*pf. of* люби́ть) to love, to like

по́мнить (вспо́мнить) to remember

понести́ (*pf. of* нести́) to carry

понима́ть (поня́ть) to understand

поня́тие concept

поня́ть (*pf. of* понима́ть) to understand

попроси́ть (*pf. of* проси́ть) to request, beg

пора́ time, season

с тех пор since then

порабо́тать (*pf. of* рабо́тать) to work

поравня́ться (*pf. of* равня́ться) to equal

порт port

по-ру́сски (*adv.*) in Russian, Russian

поря́док (*gen.* поря́дка) order

поско́льку

поско́льку . . . поско́льку inasmuch

посла́ть (*pf. of* посыла́ть) to send

по́сле after

последи́ть (*pf. of* следи́ть) за (+ *instr.*) to watch

после́дний last

за после́днее вре́мя lately, recently

послужи́ть (*pf. of* служи́ть) to serve

посмотре́ть (*pf. of* смотре́ть) на (+ *acc.*) to look at

поспа́ть (*pf. of* спать) to sleep

посто́льку

посто́льку . . . поско́льку inasmuch

постоя́нный constant

постоя́ть (*pf. of* стоя́ть) to stand

постро́ить (*pf. of* стро́ить) to construct, to build

посыла́ть (посла́ть) to send

потому́ что because

потруди́ться (*pf. of* труди́ться) to toil

потяну́ть (*pf. of* тяну́ть) to pull

почему́ why

почти́ almost

почто́вый postal

поэ́тому therefore

прави́тельственный government, governmental

прави́тельство government

пра́вить to drive, rule

пра́во law, right

по пра́ву by rights

пра́вый right

пра́ктика practice

преврати́ться (*pf. of* превраща́ться) to be transformed

превраща́ться (преврати́ться) to be transformed

предотвраще́ние prevention, averting

предполага́ть (предположи́ть) to suppose, to propose

предположи́ть (*pf. of* предполага́ть) to suppose, to propose

представи́тельный representative (*adj.*)

предста́вить (*pf. of* представля́ть) to present

представле́ние representation, performance

представля́ть (предста́вить) to present

представля́ть себе́ to imagine

президе́нт president

прекра́сный excellent

преобразова́ться (*pf. of* преобразо́ываться) to turn into

преобразо́вываться (преобразова́ться) to turn into

при in the presence of, during the time of

при э́том moreover, in addition

приготóвить (*pf. of* готóвить) to prepare

призна́ние acknowledgment, confession

прийти́ (*pf. of* приходи́ть) to arrive

прийти́сь (*pf. of* приходи́ться) to have to

прикрыва́ть (прикры́ть) to cover, to screen

прикры́ть (*pf. of* прикрыва́ть) to cover, to screen

приме́р example

приме́рный approximate

принадлежа́ть to belong

принести́ (*pf. of* приноси́ть) to bring

принима́ть (приня́ть) to take, to accept, to receive

принима́ть во внима́ние to take into consideration

принима́ть уча́стие в to take part in

приноси́ть (принести́) to bring

приня́ть (*pf. of* принима́ть) to take, to accept, to receive

прира́внивать (приравня́ть) to equalize

приравня́ть (*pf. of* прира́внивать) to equalize

приро́дный natural, innate

приходи́ть (прийти́) to arrive

приходи́ться (прийти́сь) to have to

причи́на reason, cause

прия́тный pleasant

пробле́ма problem

провести́ (*pf. of* проводи́ть) to draw, to enact, to conduct; to spend (*time*)

проводи́ть (провести́) to draw, to enact, to conduct; to spend (*time*)

провозглаше́ние proclamation, declaration

прогресси́вный progressive

продолже́ние continuation

произведе́ние production, work

произвести́ (*pf. of* производи́ть) to produce

производи́ть (произвести́) to produce

проси́ль (попроси́ть) to request, beg

прости́ть (*pf. of* проща́ть) to forgive

просто́й simple

простра́нство space

про́тив against

противополо́жный opposite

профе́ссор professor

проце́сс process

проче́сть (*pf. of* чита́ть) to read

прочита́ть (*pf. of* чита́ть) to read

проща́ть (прости́ть) to forgive

проявле́ние manifestation

пряма́я straight line

прямо́й straight

публикова́ть (опубликова́ть) to publish

пусть let!

путь (*m.*) way, path

Р

раб slave

рабовладе́лец slave-owner

рабовладе́льческий slave-owning

рабо́та work, task

рабо́тать (порабо́тать) to work, to function

рабо́чий working (*adj.*); worker (*noun*)

ра́бство slavery

равнове́сие equilibrium

равнопра́вие equality

ра́вный equal

равня́ться (поравня́ться) to equal

ра́дий radium

ра́дио radio

ра́диус radius

раз time (occasion)

разли́чие distinction

разли́чный various

разме́р size

ра́зница difference

разнообра́зный diverse
ра́зный various, different
разуме́ться to be understood
  само́ собо́й разуме́ется it goes without saying
райо́н region
раке́та rocket
ра́нить (*imp. & pf.*) to wound
ра́нний early
ра́са race
раскрыва́ть (раскры́ть) to uncover, reveal
раскры́ть (*pf. of* раскрыва́ть) to uncover, to reveal
расска́з short story
рассма́тривать (рассмотре́ть) to examine, to inspect
рассмотре́ть (*pf. of* рассма́тривать) to examine, to inspect
расстоя́ние distance
раство́р solution
реакцио́нный reactionary
реа́кция reaction
ре́дкий rare
результа́т result
рели́гия religion
репута́ция reputation
респу́блика republic
республика́нский republican
речь (*f.*) speech
  речь идёт о (+ *prep.*) the question concerns
реша́ть (реши́ть) to decide, to solve
реше́ние solution
реши́ть (*pf. of* реша́ть) to decide, to solve
рису́нок (рис.) figure (fig.)
роди́ться (*pf. of* рожда́ться) to be born
рожда́ться (роди́ться) to be born
роль (*f.*) role, part
рома́н novel
Росси́я Russia
рука́ hand
руково́дство direction
ру́копись (*f.*) manuscript
ру́сский Russian

С

с (со) from, from off of, since, with, in the company of
сам myself, yourself, *etc.*
  само́ собо́й разуме́ется it goes without saying
самолёт airplane
самостоя́тельный independent
свести́сь (*pf. of* своди́ться) к (+ *dat.*) to be reduced to, to come down to
свида́ние meeting, rendezvous
  до свида́ния goodbye
свобо́да liberty, freedom
своди́ться (свести́сь) к (+ *dat.*) to be reduced to, to come down to
свой my (own), thy (own), his (own), her (own), its (own), our (own), your (own), their (own)
связа́ть (*pf. of* свя́зывать) to connect, to join
свя́зывать (связа́ть) to connect, to join
связь (*f.*) connection, tie
  в связи́ с in connection with
сде́лать (*pf. of* де́лать) to make, to do
себя́ self
  само́ собо́й разуме́ется it goes without saying
сего́дня today
сигна́л signal
си́ла force, power
си́ний blue
систе́ма system
скептици́зм skepticism
ско́лько how much, how many
сконча́ться (*pf.*) to die
ско́рость (*f.*) velocity
сла́ва fame
следи́ть (последи́ть) за (+ *instr.*) to keep track of, to watch
сле́довать to follow, to be necessary
  сле́дует отме́тить it must be noted, one must note

словарь (*m.*) vocabulary, dictionary

слово word

по словам according to

сложный complex

служащий employee

служить (послужить) to serve

случай case

во всяком случае in any case

слышать (услышать) to hear

см. (смотрите) see

смертельный mortal

смерть (*f.*) death

смесь (*f.*) mixture

смотреть (посмотреть) на (+ *acc.*) to look at

см. выше (смотрите выше) see above

смочь (*pf. of* мочь) to be able

смысл sense, meaning

сначала at first, to begin with

снова again, anew

собрание collection, meeting

событие event

совет council

Советский Союз Soviet Union

современный contemporary, modern

совсем quite, entirely

создавать (создать) to create

создание creation

создать (*pf. of* создавать) to create

сознательный conscious

соль (*f.*) salt

сообщать (сообщить) to communicate

сообщение communication

сообщить (*pf. of* сообщать) to communicate

соответствовать to correspond, correlate

сопротивление resistance

состав composition

составить (*pf. of* составлять) to compose

составлять (составить) to compose

состоять to consist

сохнуть (высохнуть) to grow dry, to dry up

сохраняться (*pf. of* сохраняться) to be preserved, to be kept, to be saved

сохраняться (сохраниться) to be preserved, to be kept, to be saved

социализм socialism

социалистический socialistic

социальный social

сочинение work, composition

спать (поспать) to sleep

специальность (*f.*) specialty

спутник satellite

сразу at once

среди among

средство means

СССР U.S.S.R.

станция station

становиться (стать) to become

старый old

стать (*pf. of* становиться) to become; to begin

стекло glass

стол table

сторона side

с одной стороны . . . с другой on the one hand . . . on the other

сторонник partisan, supporter

стоять (постоять) to stand

страна country

страница page

стремиться (устремиться) to strive

строить (построить) to construct, to build

строй order, regime

структура structure

студент student

ступать (ступить) to stride, to step

ступить (*pf. of* ступать) to stride, to step

судьба fate

существование existence

существовать to exist

сущность (*f.*) essence

в сущности in essence

счёт   bill, account
   за счёт (+ *gen.*)   at the expense
   of
США   U.S.A.
сыгра́ть (*pf. of* игра́ть)   to play
   сыгра́ть роль   to play a part
сырьё   raw material
сюда́   here, hither

Т

табли́ца   table
так   so, so much, thus
   так как   since
   как . . . так и   both . . . and
   так называ́емый   so-called
та́кже   also
тако́й   such
там   there
танк   tank
т.е. (то есть)   i.e., that is
теа́тр   theater
театра́льный   theatrical
текст   text
телефо́нный   telephone (*adj.*)
те́ло   body
температу́ра   temperature
теоре́ма   theorem
тео́рия   theory
тепе́рь   now
те́хник   technician, craftsman
те́хника   technics, technique
техни́ческий   technical
тип   type
това́рищ   comrade
тогда́   then, at that time
то́лько   only
том   volume, tome
тому́ наза́д   ago
тот, та, то   that
   т.е. (то есть) i.e., that is
   тому́ наза́д   ago
то́чка   point
то́чность (*f.*)   accuracy, exactness
   в то́чности   exactly
траге́дия   tragedy
тради́ция   tradition

траекто́рия   trajectory
тре́ние   friction
треть (*f.*)   a third
тро́гать (тро́нуть)   to touch
тро́нуть (*pf. of* тро́гать)   to touch
труд   labor
труди́ться (потруди́ться)   to toil
тру́дный   difficult
трудя́щийся   toiler, one who toils
турби́на   turbine
тут   here
ты   thou, you (*fam. sing.*)
тяжёлый   heavy
тяну́ть (потяну́ть)   to pull

У

у   by, at, near
уви́деть (*pf. of* ви́деть)   to see
уже́   already
   уже́ не   no longer
узбе́кский   Uzbek (*adj.*)
узнава́ть (узна́ть)   to find out
узна́ть (*pf. of* узнава́ть)   to find out
указа́ть (*pf. of* ука́зывать)   to indicate, to show
ука́зывать (указа́ть)   to indicate,
   to show
укрепле́ние   strengthening
улета́ть (улете́ть)   to fly away
улете́ть (*pf. of* улета́ть)   to fly away
у́лица   street
умере́ть (*pf. of* умира́ть)   to die
уме́ть   to know how to
умира́ть (умере́ть)   to die
у́мный   intelligent, wise
унести́ (*pf. of* уноси́ть)   to carry
   off
университе́т   university
уноси́ть (унести́)   to carry off
упа́сть (*pf. of* па́дать)   to fall
упра́вить (*pf. of* управля́ть)   to
   direct, to manage
управле́ние   administration
управля́ть (упра́вить)   to direct, to
   manage
уравне́ние   equation

уровень (*gen.* уровня) (*m.*) level
урок lesson
условие condition
услышать (*pf. of* слышать) to hear
успешный successful
устанавливать (установить) to establish
установить (*pf. of* устанавливать) to establish
устранить (*pf. of* устранять) to remove, to eliminate
устранять (устранить) to remove, to eliminate
устремиться (*pf. of* стремиться) to strive
утрата loss
утратить (*pf. of* утрачивать) to lose
утрачивать (утратить) to lose
утро morning
участие participation
    принимать участие в (+ *prep.*) to take part in
учёный (*noun & adj.*) scientist; scientific
учить (научить) to teach; (выучить) to learn
учреждение establishment, institution

Ф

фабрика factory
факт fact
фашистский Fascistic
физик physicist
физика physics
физический physical
филиал affiliated branch
философия philosophy
форма form, shape
формула formula
форт fort
Франция France
француз Frenchman
французский French
фронт front
фут foot

Х

характер character
химик chemist
химический chemical
химия chemistry
ходить (*hab.*) to go
холодный cold
хороший good
хорошо (*adv.*) well
хотеть (захотеть) to want, to wish

Ц

царица empress
царь tsar
цвет color
цена price
ценный valuable
центр center

Ч

час hour
частность (*f.*) particularity
    в частности in particular
часто often
часть (*f.*) part
    большею частью for the most part
человек person, man
человечество mankind
чем than
через through, by
четверть (*f.*) a quarter, fourth
число number
читатель (*m.*) reader
читать (прочитать, прочесть) to read
член member
что what; that (*conj.*)
    что касается (+ *gen.*) as far as . . . is concerned
    потому что because
чтобы that, in order that
    для того, чтобы in order to

Ш

ширина width
широкий wide, broad

штат state

шуме́ть (зашуме́ть) to make noise

Э

экза́мен examination

эконо́мика economics

экономи́ческий economic

элеме́нт element

эне́ргия energy

энциклопе́дия encyclopedia

эска́дра squadron

э́то it is, there are

э́тот, э́та, э́то this

    при э́том moreover, in addition

Ю

ю́жный south (*adj.*), southern

юриди́ческий juridical

Я

я I

яви́ться (*pf. of* явля́ться) to appear,
    to be

явле́ние phenomenon

явля́ться (яви́ться) to appear, to
    be

язы́к language, tongue

янва́рь (*m.*) January

INDEX

For Grammatical References See Also Vocabularies

Accent (*see* Stress)
Accusative:
  of adjectives, 10
  of nouns:
    animate, 18
    inanimate, 9
    plural, 55
  use of, 10
Actual verb pairs, 46
Adjectives: (*see also* Degrees of comparison)
  accusative, 10
  attributive, до́лжен, 102–103
  attributive comparative, 79–80
  dative, 30
  declensions:
    endings, 152
    hard plural, 56
    soft plural, 56–57
    tables of, 49, 152
  genitive, 16
  hard, 3
  instrumental, 38
  mixed, 3–4 (*see also* Appendix A)
  nominative, 3
  numeral one, 70
  of quantity, 92–93
  ordinal numerals, 112–113
  participles:
    past, 122–124
    past active, 98–100
    present active, 90–91
    present passive, 110–111
  position of, 4
  possessive pronoun, 81–82
  predicate, 78
  prepositional case of, 24
  short, 78
  soft, 3
  superlative, 91
  used as nouns, 145
Adverbs: (*see also* Degrees of comparison)
  comparative, 80
  formation of, 23

Adverbs (*cont.*)—
  instrumental, 38
  of quantity, 92–93
  superlative, 92
  verbal (gerunds), 133–134
All, the whole: весь, вся, всё, все
  declension of, 80–81
Alphabet:
  printed, iii
  pronunciation, iii
Animate nouns, 18, 55
Appendix, 155–170
Article:
  definite, 1
  indefinite, 1

Be, to (*see* Verbs)
Both: óба, óбе, 102

Cardinal numerals:
  addition, subtraction, multiplication, and division of, 112
  compound, 101–102
  declensions, 100–101
  prefix пол-, 111
Case endings, irregular, 156
Cases (*see* Accusative, Dative, Genitive, Instrumental, Nominative, and Prepositional)
Clauses, subordinate, 146–147
Collective numerals, 137–138
Comparative degree (*see* Degrees of comparison)
Compound numerals, 101–102
Conditional mood, 134–135
Conjugations:
  first, 8–9, 21–23, 40, 44
  monosyllabic, 22–23
  second, 8–9, 40, 44
Conjunction: как, 69
Consonants:
  palatalized (soft), iv–v
  unpalatalized (hard), iv–v
  voiced, vi–vii
  voiceless, vi–vii
Constructions, impersonal, 76–77

187

FOREIGN LANGUAGE BOOKS AND MATERIALS

Spanish
Vox Spanish and English Dictionaries
Cervantes-Walls Spanish and English Dictionary
NTC's Dictionary of Spanish False Cognates
Complete Handbook of Spanish Verbs
Guide to Spanish Suffixes
Nice 'n Easy Spanish Grammar
Spanish Verbs and Essentials of Grammar
Spanish Verb Drills
Getting Started in Spanish
Guide to Spanish Idioms
Guide to Correspondence in Spanish
Diccionario Básico Norteamericano
Diccionario del Español Chicano
Basic Spanish Conversation
Let's Learn Spanish Picture Dictionary
My First Spanish and English Dictionary
Spanish Picture Dictionary
Welcome to Spain
Spanish for Beginners
Spanish à la Cartoon
El alfabeto
Let's Sing and Learn in Spanish
Let's Learn Spanish Coloring Book
Let's Learn Spanish Coloring Book-Audiocassette Package
My World in Spanish Coloring Book
Easy Spanish Word Games and Puzzles
Easy Spanish Crossword Puzzles
Easy Spanish Vocabulary Puzzles
Easy Spanish Word Power Games
How to Pronounce Spanish Correctly

French
NTC's New College French and English Dictionary
NTC's Dictionary of *Faux Amis*
NTC's Dictionary of Canadian French
French Verbs and Essentials of Grammar
Real French
Getting Started in French
Guide to French Idioms
Guide to Correspondence in French
Nice 'n Easy French Grammar
French à la Cartoon
French for Beginners
Let's Learn French Picture Dictionary
French Picture Dictionary
Welcome to France
The French-Speaking World
L'alphabet
Let's Learn French Coloring Book
Let's Learn French Coloring Book-Audiocassette Package
My World in French Coloring Book
French Verb Drills
Easy French Crossword Puzzles
Easy French Vocabulary Games
Easy French Grammar Puzzles
Easy French Word Games
Easy French Culture Games
How to Pronounce French Correctly
L'Express: Ainsi va la France
L'Express: Aujourd'hui la France
Le Nouvel Observateur: Arts, idées, spectacles
Au courant: Expressions for Communicating in
  Everyday French

Audio and Video Language Programs
Just Listen 'n Learn: Spanish, French, Italian,
  German, Greek, and Arabic
Just Listen 'n Learn PLUS: Spanish, French,
  and German
Conversational...in 7 Days: Spanish, French,
  German, Italian, Rusian, Greek, Portuguese
Practice & Improve Your...Spanish, French,
  German, and Italian
Practice & Improve Your...Spanish, French,
  German, and Italian PLUS
Improve Your...Spanish, French,
  German, and Italian: The P&I Method
VideoPassport French and Spanish

German
Schöffler-Weis German and English Dictionary
Klett German and English Dictionary
Das Max und Moritz Buch
NTC's Dictionary of German False Cognates
Getting Started in German
German Verbs and Essentials of Grammar
Guide to German Idioms
Street-wise German
Nice 'n Easy German Grammar
German à la Cartoon
Let's Learn German Picture Dictionary
German Picture Dictionary
German for Beginners
German Verb Drills
Easy German Crossword Puzzles
Easy German Word Games and Puzzles
Let's Learn German Coloring Book
Let's Learn German Coloring Book-Audiocassette Package
My World in German Coloring Book
How to Pronounce German Correctly
Der Spiegel: Aktuelle Themen in der
  Bundesrepublik Deutschland

Italian
Zanichelli Super-Mini Italian and Dictionary
Zanichelli New College Italian and English Dictionary
Basic Italian Conversation
Getting Started in Italian
Italian Verbs and Essentials of Grammar
Let's Learn Italian Picture Dictionary
My World in Italian Coloring Book
Let's Learn Italian Coloring Book
Let's Learn Italian Coloring Book-Audiocassette Package
How to Pronounce Italian Correctly

Greek and Latin
NTC's New College Greek and English Dictionary
Essentials of Latin Grammar

Russian
Complete Handbook of Russian Verbs
Basic Structure Practice in Russian
Essentials of Russian Grammar
Business Russian
Roots of the Russian Language
Inspector General
Reading and Translating Contemporary Russian
How to Pronounce Russian

Polish
The Wiedza Powszechna Compact Polish and English
  Dictionary

Hebrew
Everyday Hebrew

Japanese
101 Japanese Idioms
Japanese in Plain English
Everyday Japanese
Japanese for Children
Japan Today!
Easy Hiragana
Easy Katakana
Easy Kana Workbook
How to Pronounce Japanese Correctly

Korean
Korean in Plain English

Chinese
Easy Chinese Phrasebook and Dictionary
Basic Chinese Vocabulary

Swedish
Swedish Verbs and Essentials of Grammar

Ticket to...Series
France, Germany, Spain, Italy (Guidebook and
  Audiocassette)

"Just Enough" Phrase Books
Chinese, Dutch, French, German, Greek, Hebrew,
  Hungarian, Italian, Japanese, Portuguese, Russian,
  Scandinavian, Serbo-Croat, Spanish
Business French, Business German, Business Spanish

PASSPORT BOOKS
a division of *NTC Publishing Group*
Lincolnwood, Illinois USA